QUE SAIS-JE ?

W0274433

Le marketing

ARMAND DAYAN
Professeur Associé à l'ESCP

Huitième édition corrigée

92e mille

DU MÊME AUTEUR

A. Dayan, *Manuel de la distribution,* PUF, coll. « Gestion », 1992.
A. Dayan *et al., La distribution,* CEPL-Hachette, 1973.
A. Dayan, *La distribution des produits de consommation,* PUF, 1974.
A. Dayan *et al., La publicité de A à Z,* Retz, 1975.
A. Dayan, *La publicité,* PUF, coll. « PUF-Formation », 1976.
A. Dayan, *Le marketing industriel,* PUF, coll. « Que sais-je ? », n° 2036, 3e éd., 1991.
A. Dayan, *Marketing industriel,* Vuibert, coll. « Gestion », 2e éd., 1993.
A. Dayan, *La publicité,* PUF, coll. « Que sais-je ? », n° 274, 6e éd., 1993.
A. Dayan et A. Zeyl, *L'animation et le contrôle de la force de vente,* Ed. d'Organisation, 4e éd., 1990.
A. Dayan et A. Zeyl, *Organisation et gestion de la force de vente,* Ed. d'Organisation, 3e éd., 1991.
A. Dayan, J. Bon, A. Cadix, R. de Maricourt, C. Michon, A. Ollivier, *Marketing,* PUF, coll. « Fondamental », 4e éd., 1992.
A. Dayan, A. et L. Troadec, *Promotion des ventes et p.l.v.,* PUF, coll. « Que sais-je ? », n° 2482, 1989.
A. Dayan, A. et L. Troadec, *Le merchandising,* PUF, coll. « Que sais-je ? », n° 2516, 2e éd., 1993.
A. Dayan, A. Ollivier et R. Ourset, *Le marketing international,* PUF, coll. « Que sais-je ? », n° 2494, 2e éd., 1991.

ISBN 2 13 044505 5

Dépôt légal — 1re édition : 1976
8e édition corrigée : 1993, décembre

© Presses Universitaires de France, 1976
108, boulevard Saint-Germain, 75006 Paris

INTRODUCTION

> « La dernière chose qu'on trouve en faisant un ouvrage est de savoir celle qu'il faut mettre la première. »
>
> PASCAL, *Pensées*, IX, 30.

Le même Pascal nous a pourtant fourni l'entrée en matière : « Donc toutes choses étant causées et causantes, aidées et aidantes, médiates et immédiates et toutes s'entretenant par un lien naturel et insensible qui lie les plus éloignées et les plus différentes ; je tiens impossible de connaître les parties sans connaître le tout, non plus que de connaître le tout sans connaître particulièrement les parties. » Le marketing est en effet une démarche englobant de nombreux éléments apparemment disparates mais en réalité interdépendants, qui composent « l'organisation » de ceux qui ont quelque chose « à vendre », leurs produits, ceux à qui ils veulent s'adresser. Ces termes sont vagues à dessein. Car le marketing, ce n'est pas seulement vendre des yoghourts ou des automobiles ; ce sont certes les organisations de type commercial à but lucratif, les entreprises, qui l'ont employé les premières, en ont développé, perfectionné les techniques, et s'en servent le plus, visiblement, partout et à longueur d'année : la publicité étalée sur la surface tout entière des pays industrialisés en est la concrétisation.

Si donc nous examinerons tout au long de ces pages comment l'entreprise s'y prend pour connaître les motivations cachées de sa clientèle, ce qui l'incite à acheter et ce qui l'en détourne, pour mieux agir ensuite sur elle en lui présentant la face des choses que cette clientèle désire, nous verrons aussi que le marketing, méthode, *modus operandi* valable chaque fois qu'il s'agit de connaître le pourquoi d'un comportement afin d'agir sur un public pour éventuellement l'infléchir, peut parfaitement être employé — et l'est en fait — par toute organisation humaine désireuse de communiquer, de transmettre quelque chose à un public quelconque : un candidat à une élection, une administration, une ville, un syndicat, une université...

Depuis la quatrième édition, notre étude comprend un développement de l'analyse stratégique : c'est un acquis des années 70 dont on ne peut plus se passer et il fallait montrer comment la firme, une fois sa stratégie générale arrêtée, doit s'appuyer sur la stratégie de marketing pour atteindre une partie de ses objectifs généraux.

Nous avons également inclus un court développement sur le comportement d'achat, laissant le soin au lecteur désireux d'approfondir tel ou tel aspect du marketing, de consulter des ouvrages plus approfondis : nous avons à cet effet étoffé sensiblement la bibliographie pour qu'on y trouve les parutions les plus récentes et les plus intéressantes en langue française. On s'y référera utilement pour ce qui relève de l'organisation du département du marketing, du plan de marketing, de la prévision des ventes et du diagnostic et du contrôle de la fonction marketing, ainsi que de la modélisation, qui n'ont pu trouver place dans le cadre de cet ouvrage sous peine d'être réduits à moins qu'un survol superficiel...

CHAPITRE PREMIER

MARKETING ET STRATÉGIE

« Vous préférez peut-être que je vous le dise d'une manière plus compliquée ? »

Alice au pays des merveilles.

I. — La démarche générale de marketing

Dans l'environnement concurrentiel qui est le sien, *l'entreprise ne doit plus produire que ce qu'elle peut vendre*, sous peine de ne rien vendre du tout (1). Avec l'idée primordiale qu'il faut *connaître pour agir*, c'est là l'essence même du marketing. De nombreux auteurs se sont essayés à de savantes définitions, mais comme c'est souvent le cas, les plus simples sont parmi les meilleures : « On pourrait dire que le marketing n'est autre chose que le sens commercial érigé en méthode par les impératifs de la production de masse. A l'échelle industrielle l'astuce et le flair perdent leur exclusivité (...). [Le marketing] désigne la fonction commerciale moderne fondée sur la *connaissance du marché*, exercée selon des schémas *prévisionnels*, conduite de manière *dynamique* vers des

(1) Lorsque l'état économique général était celui de pénurie, n'importe qui était à peu près assuré de vendre ce qu'il produisait ; la production était la fonction prédominante, et elle n'arrivait pas toujours à satisfaire la demande, essentiellement quantitative. Après les années 50, la tendance s'est entièrement renversée en raison des progrès de la technique, de l'augmentation du niveau de vie, d'une concurrence devenue de plus en plus acerbe. Désormais, c'est la vente et non la production qui prédomine, c'est le marché qui oriente les décisions de l'entreprise et non l'inverse. Le marketing s'est développé à partir de la concurrence née de la situation de pseudo-abondance dans laquelle se trouvent les pays industrialisés.

***objectifs* ambitieux, *programmée en combinant des moyens* d'action choisis et coordonnés, et *contrôlée* selon des *procédures rigoureuses* » (1). Nous nous risquerons pour notre part à proposer la formulation suivante, incomplète, certes, mais néanmoins suffisante dans un premier temps : « Le marketing est une série de techniques, sous-tendues par état d'esprit particulier, qui cherchent à satisfaire, dans les meilleures conditions psychologiques pour la clientèle, et financières pour le distributeur, les besoins naturels ou suscités. »**

L'état d'esprit particulier, c'est une attitude de recherche, d'analyse, de remise en question constante qu'adopte « l'homme de marketing », qui ne s'endort pas sur l'acquis, qui sait que la concurrence veille et qu'il est plus facile de perdre une clientèle que de la conquérir ; car adopter une démarche de marketing, c'est admettre le renouvellement constant de toutes les données de l'entreprise et de son environnement, c'est être « à l'écoute » pour s'adapter au changement, c'est anticiper ce changement chaque fois que c'est possible ; c'est savoir que rien n'est immuable et que rien n'est jamais définitivement gagné ; c'est être conscient que l'environnement général (social, législatif, démographique, économique, technologique...) fourmille d'écueils dont chacun peut faire capoter le plan le mieux ourdi mais qui n'aurait pas tenu compte de *cet* élément-là...

Les techniques (2), ce sont les études de marché, de motiva-

(1) Maurice Vidal, *Publicité et gestion*, Dunod, 1971. L'auteur ajoute : « Reconnaissez que peu d'entreprises devraient être autorisées à utiliser ce label. »

(2) Des chercheurs essayent, à l'aide de l'outil mathématique, de donner un caractère de plus en plus scientifique aux prises de décision : « Depuis [1960] on observe un recours croissant aux méthodes quantitatives dans la gestion des entreprises. Jusqu'à présent, il faut bien reconnaître qu'il existe relativement peu d'exemples d'application de ces méthodes sur le plan des décisions commerciales (...). En marketing, cette approche se heurte évidemment à des difficultés qui résultent de la complexité des phénomènes commerciaux, c'est-à-dire de leur caractère probabiliste, dynamique, multidimensionnel, etc. En outre, le manque de données statistiques valables a été longtemps le principal obstacle à l'application de ces méthodes nouvelles. Des progrès considérables ont été toutefois réalisés (...) [sur le plan de l'information statistique et sur celui des méthodes d'analyse et de traitement de ces informations] et de ce fait (...) la construction de modèles mathématiques de marketing devient [une question] d'actualité pour un nombre croissant d'entreprises. Un modèle est la représentation d'un système traduisant, généralement sous une forme chiffrée, les relations et contraintes

tion, la recherche publicitaire, les incitations promotionnelles, l'élaboration de l'emballage-conditionnement, la recherche de noms de marque, etc.

Pour vivre et prospérer, l'entreprise doit vendre ses produits : il faut pour cela qu'elle sache *quoi vendre* et *à qui.* C'est la raison pour laquelle le marketing, qui apporte la réponse à ces questions et bien plus encore (où vendre, quand vendre, comment vendre, etc.) est un élément majeur de la politique générale de l'entreprise : il oriente toutes les autres — et en particulier la production — à partir du cheminement suivant :

1) *Analyse-diagnostic du marché potentiel* au sens le plus large et de son *environnement* (concurrence directe et de substitution, consommateurs, non-consommateurs relatifs (1), législation, appareil de distribution, évolution des mœurs, situation économique...).

2) *Recherche des occasions favorables de développement* (en fonction du potentiel de l'entreprise, de l'évolution technologique prévisible et des possibilités d'adaptation de la firme, des besoins conscients ou inconscients du marché, des faiblesses de la concurrence...).

3) *Choix des objectifs de marketing à moyen et long termes* (part de marché, profit...) en fonction de la situation du marché et des possibilités de la firme (techniques, financières, humaines...).

4) *Choix des marchés cibles* ou segments de clientèle potentielle, et choix du positionnement des produits offerts.

5) *Budgétisation de la mise en œuvre de ces choix.*

6) *Planification générale* à moyen et long termes de la politique que doit suivre l'entreprise pour atteindre ses objectifs de marketing.

Ces six points composent la partie stratégique (à long terme) de la politique de la firme. Le comportement tactique (à court terme) comprend :

1) *Détermination des sous-objectifs*, objectifs partiels ou composantes d'objectifs, qui vont concourir au succès de la politique globale ;

qui rendent compte de son fonctionnement (...). Les responsables de marketing souhaitent (...) des outils d'analyse capables d'appréhender des situations d'ensemble et de mesurer en termes quantitatifs les implications économiques et concurrentielles de différentes lignes d'action envisagées. Un modèle (...) renforce le pouvoir d'analyse (...) et conduit à des décisions plus rationnelles et prises en meilleure connaissance de cause. » Il ne se substitue pas au preneur de décision, mais l'assiste (Jean-Jacques Lambin, Avant-propos de *Modèles et programmes de marketing*, PUF, 1970).

(1) Ceux qui n'utilisent pas le produit, mais qui pourraient le faire, par opposition aux non-consommateurs absolus, qui sont dans l'impossibilité totale de le faire.

2) *Détermination des moyens* d'atteindre ces objectifs partiels ;

3) *Budgétisation* des objectifs partiels (combien en coûtera-t-il pour les atteindre), liée à la

4) *Programmation*, c'est-à-dire à la planification (à court terme, 3, 6, 12 mois) des moyens d'action ;

5) *Mise en œuvre de chaque programme particulier* correspondant à un objectif partiel (étude de marché, campagne publicitaire...) ;

6) *Contrôle continu des résultats* par la comparaison constante (1), période par période, *entre le prévu et le réalisé, mesure des écarts* et *détection des causes* ;

7) Selon l'importance et l'origine de ces écarts, l'entreprise maintiendra son action telle quelle, *adaptera* ses moyens tactiques — correction du tir — ou *mettra en cause*, s'il le faut, des objectifs partiels, voire des objectifs à long terme.

Ces différentes « étapes » sont étroitement interdépendantes, elles forment un tout. Elles organisent la *connaissance* et la prévision en vue de l'*action.*

II. — Quelques éléments pour l'analyse stratégique

Mais si jusqu'aux années 70 les responsables de la firme déterminaient la politique et la gestion générales sans méthode particulière, conseillés par les responsables du marketing, de la production et des autres grandes fonctions de l'entreprise, ils doivent désormais prendre des décisions stratégiques en avenir incertain. Précisons le sens de ces termes :

— La politique générale est l'expression des règles du jeu qu'imposent ceux qui détiennent le pouvoir dans l'entreprise

(1) Le schéma d'ensemble est la « boucle cybernétique » ou « feedback » : la comparaison entre le résultat prévu et le résultat obtenu donne lieu à des « rétroactions » successives vers l'amont du processus, jusqu'à ce que le prévu et le réalisé se correspondent ou se maintiennent dans les limites de tolérance d'écart choisies à l'avance (voir *Le dossier de la cybernétique*, Ed. Gérard & Cie, Verviers, 1968). Depuis quelques années, et par analogie avec l'audit financier, que l'on définit aux Etats-Unis comme « l'examen critique et méthodique, la vérification en bonne et due forme d'un compte », on parle d'audit de marketing pour désigner l'examen critique et méthodique des activités liées à la démarche de marketing : l'organisation, le personnel, les méthodes, les programmes et les objectifs sont passés au crible, essentiellement dans une optique d'adaptation constante, pour lutter contre la routine, pour obtenir de l'entreprise l'efficacité maximale. C'est une démarche à la fois critique et constructive, qui se heurte à de nombreuses résistances. Faut-il préciser que très peu d'entreprises osent l'entreprendre — et la mènent à son terme ?

et en est souvent l'élément principal du gouvernement (par exemple : pas de distribution à travers tel circuit de revendeurs). Elle s'impose à la stratégie, lui fixant contraintes et critères à respecter.

— La stratégie a trait au devenir de l'entreprise tout entière à long terme : produits et marchés, décisions d'expansion, de diversification, d'implantation multinationale, etc. La conséquence en est — pour l'ensemble de ses dimensions commerciale, financière, technique, sociale — une réversibilité des choix très difficile.

— La tactique a trait au court, voire au moyen terme, aux décisions opérationnelles destinées à tirer le meilleur profit de l'exploitation courante. Les décisions tactiques relèvent du chef d'un département (directeur du marketing) mais également en cas de besoin d'un échelon moins élevé (directeur régional ou chef de secteur), et le temps est une contrainte importante, dans un environnement donné.

Dans les décisions stratégiques, plusieurs objectifs sont en jeu (rentabilité, sécurité, croissance...) et le plus souvent, plus la décision est importante, moins l'information disponible est suffisante, ce qui implique chaque fois un risque plus ou moins grand. Le marketing aide les décideurs à orienter leurs choix stratégiques en fournissant des données actuelles, voire probables sur la demande et l'offre concurrente, directe et de substitution.

Le marketing contribue à atteindre les objectifs du plan stratégique, formalisation de la stratégie de l'entreprise, par la définition et la mise en œuvre d'une action cohérente vis-à-vis de la demande : c'est le marketing-mix (produit, prix, communication, distribution). Le marketing participe donc à la gestion stratégique de l'entreprise, dont un des principaux objectifs doit être de maintenir et de restaurer en permanence son potentiel en technologie et processus, en ressources humaines requalifiées, en produits et marchés nouveaux...

Mais pour définir une stratégie générale, l'entreprise doit d'abord identifier son « métier », puis conduire une analyse stratégique qui lui permettra de connaître sa position concurrentielle et d'apprécier ses chances de réussite à court, moyen et long termes dans chacun des domaines d'activité. Cela rendra possible le choix des objectifs généraux et celui des vecteurs de croissance susceptibles d'aboutir à un développement profitable de ses activités, puis la détermination d'une stratégie de marketing.

1. Le « métier » ou domaine stratégique de la firme. — L'évolution technique, la diversification croissante de l'activité des entreprises, l'existence de « filières industrielles » font que le « secteur », comme critère pour caractériser l'entreprise, est dépassé : il faut utiliser le concept de « métier » (1), proche du savoir-faire et le plus indépendant possible d'un produit ou d'une matière — une même firme pouvant posséder plusieurs métiers, ou domaines d'activité stratégique (2).

2. **Les filières industrielles.** — Une filière est à la fois l'ensemble des stades du processus de production conduisant des matières premières jusqu'au produit final et l'ensemble des opérations économiques qui se traduisent par une répartition des profits aux différents stades. Il faut donc, dans l'analyse stratégique de l'entreprise, connaître sa place dans la filière à laquelle elle participe, et les filières parallèles aboutissant au même marché aval des utilisateurs potentiels, ainsi que les fournisseurs de produits clés et la part de chaque produit clé dans le produit fini.

Cela conduit à localiser où se trouve le pouvoir dans la filière, c'est-à-dire qui détient la position clé du passage obligé, et à chercher à savoir si on peut occuper une — ou la — position clé, ou si on n'est pas dépendant — donc faible — par rapport à ceux qui détiennent les positions clés (3).

3. **L'analyse stratégique de l'entreprise.** — Plusieurs chercheurs et cabinets de conseil ont proposé depuis la fin des années 60 des grilles d'analyse stratégique, dont voici les grandes lignes (BCG, ADL, McKinsey, Porter).

A) *L'approche du Boston Consulting Group.* — D'après le BCG, l'entreprise compétitive a les coûts les plus bas grâce à l'augmentation du volume de production (théorie de la courbe d'apprentissage) et à la baisse du temps de fabrication à mesure qu'augmente la production cumulée (théorie de la courbe d'expérience). Le d.a.s. ou segment stratégique — à ne pas confondre avec le segment de clientèle au sens du marketing — correspond en gros à un secteur dans lequel la firme intervient avec un ou plusieurs couples produit-marché. Une matrice situe chaque d.a.s. par rapport à deux variables d'ana-

(1) Si elle contrôle le marché final, c'est-à-dire si elle peut orienter l'utilisateur final en fonction de son propre intérêt — pouvant alors obliger les autres parties prenantes à la filière à s'adapter —, la firme occupera sur la filière une position stratégiquement dominante (cf. J. MALSOT, Filières et effets de domination dans le système productif, *Annales des Mines*, janvier 1970).

(2) d.a.s., ou encore s.b.u., *strategic business unit.*

(3) Cf., pour un développement complet, M. REYNE, *L'approche technico-économique du développement des produits*, Ed. Hommes et Techniques, 1980.

lyse, la croissance du domaine d'activité et la part relative de marché de l'entreprise dans le domaine (fig. 1) :

— Les dilemmes doivent être financés, mais ils contribuent à la croissance, et si l'entreprise investit en recherche et développement, marketing et production, ils sont un potentiel.

— Les vedettes rapportent et contribuent à la croissance ; en s'autofinançant, elles favorisent le maintien ou l'accroissement de la part de marché relative.

— Les vaches à lait sont des domaines en phase de maturité ; s'ils ne contribuent pas vraiment à la croissance, ils ne demandent pas d'investissement mais au contraire rapportent de l'argent... qui permet de financer les dilemmes.

— Les poids morts sont les domaines finis ou en perte de vitesse qui ne rapportent plus rien en général.

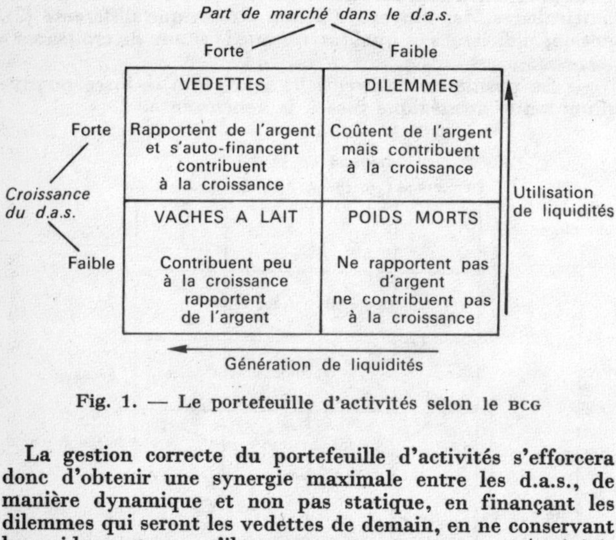

Fig. 1. — Le portefeuille d'activités selon le BCG

La gestion correcte du portefeuille d'activités s'efforcera donc d'obtenir une synergie maximale entre les d.a.s., de manière dynamique et non pas statique, en finançant les dilemmes qui seront les vedettes de demain, en ne conservant les poids morts que s'ils rapportent encore un peu (activités en phase de maturité stable) et ne nuisent pas à l'image de la firme, en maintenant suffisamment de vedettes pour assurer la continuité et de vaches à lait pour financer les dilemmes et assurer le profit de l'entreprise.

Si l'approche du BCG est claire et relativement facile à mettre en œuvre, elle est cependant insuffisante, car la stratégie doit aussi tenir compte de l'amont (ressources monétaires, humaines, physiques, etc.). Elle est également d'usage limité car elle ne peut pas s'appliquer si les domaines d'activité sont peu concentrés et si la part de marché relative n'a pas grande signification, ou si la concurrence ne dépend pas surtout du coût, mais par exemple de l'innovation technique... Il faut donc manier les courbes d'expérience et d'apprentissage avec la plus grande prudence, sans quoi l'entreprise sera rapidement incapable de réagir, techniquement et commercialement, à la concurrence de firmes plus souples et mobiles (1).

B) *L'approche d'Arthur D. Little.* — ADL propose une matrice à deux variables différentes de celles du BCG : la maturité du secteur et la position concurrentielle (fig. 2).

— La maturité du secteur ou du métier considère les différentes phases de sa vie, auxquelles correspondent des caractéristiques financières distinctes, des structures concurrentielles particulières, des moyens d'action stratégique différents (2), notions plus larges et qualitatives que le « taux de croissance » du BCG.

— La position concurrentielle représente la force relative d'une unité stratégique face à la concurrence.

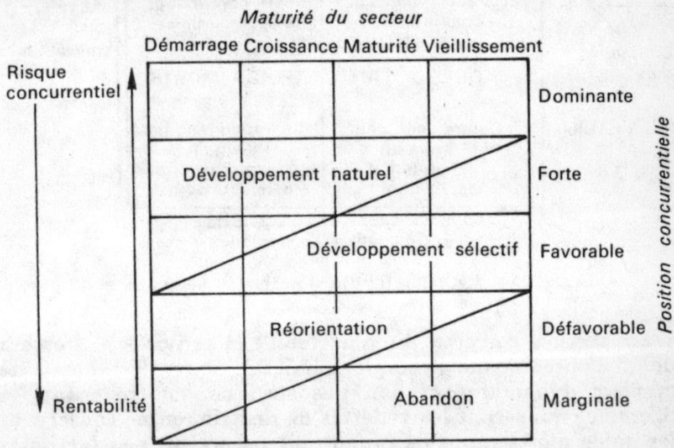

Fig. 2. — La matrice d'ADL

(1) Cf. W. J. Abernathy et K. Wayne, La courbe d'expérience et ses limites, *Harvard-L'Expansion*, hiver 1977-1978.

(2) M. de Bodinat et V. Mercier, L'analyse stratégique moderne, *Harvard-L'Expansion*, hiver 1978-1979.

L'approche d'ADL est d'application beaucoup plus générale que celle du BCG, car elle est débarrassée des inconvénients de cette dernière, tout en obligeant à s'interroger davantage et à analyser plus à fond tous les facteurs de la position stratégique.

C) *L'approche de McKinsey.* — Cette fois, la matrice ne comprend plus que trois positions par axe (fig. 3), ceux-ci étant :

— « intérêt du secteur pour la firme », où les variables sont la taille du marché, le taux de croissance et de profit, l'intensité de la concurrence, etc. ;

— « position concurrentielle des d.a.s. » de la firme dans le secteur, où sa compétence est évaluée à partir de sa part de marché relative, sa connaissance du marché, le caractère compétitif de ses prix, l'efficacité de sa force de vente, la qualité et l'image de ses produits...

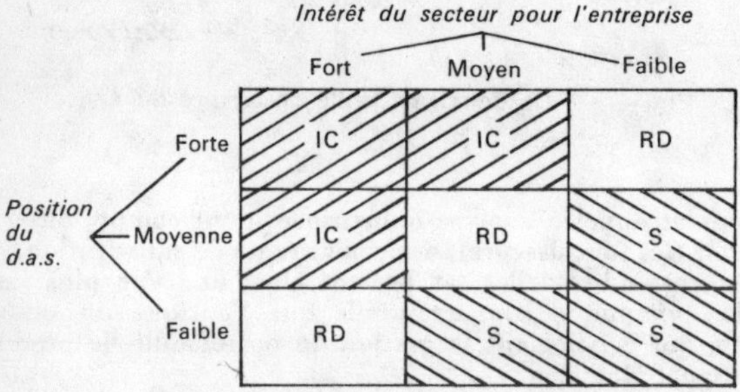

Fig. 3. — La matrice de McKinsey
(IC : investissement de croissance
RD : récolter, désinvestir ; S : sélectionner)

Chaque facteur est affecté d'un coefficient de pondération et les d.a.s. placés dans la matrice, trois zones étant alors mises en évidence : N-O favorable à un investissement de croissance, S-E où il convient de choisir, sélectionner et récolter avant d'abandonner, et N-E/S-O où l'intérêt ne paraît que moyen, zone à maintenir sous surveillance.

D) *L'approche de Porter.* — Contrairement aux approches ci-dessus, où le marché aval est privilégié, celle de Porter (1),

(1) M. E. PORTER, *L'avantage concurrentiel*, Inter-Editions, 1986. Une autre approche de l'analyse stratégique est celle du Strategic Planning Institute (Cambridge, Massachusetts), le Pims *(Profit impact of marketing strategy)*, établi à partir d'une enquête suivie auprès d'entreprises pour déterminer les raisons de leurs performances.

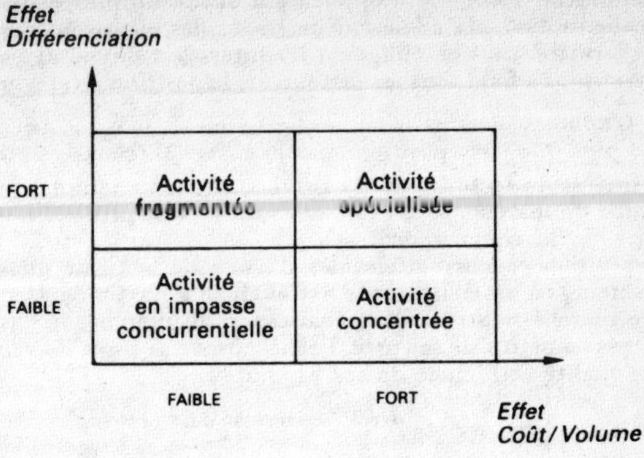

Fig. 4. — La deuxième grille de lecture du BCG

également appelée analyse industrielle, tient compte aussi de l'amont (les fournisseurs), des concurrents de substitution, des structures industrielles, et permet ainsi une vue plus large de la dynamique concurrentielle que l'optique du BCG et d'ADL, qui privilégient la gestion du portefeuille de produits et l'aspect financier.

E) Le BCG a développé une nouvelle grille d'analyse des activités de l'entreprise (fig. 4), caractérisée par deux variables : l'effet coût/volume (une relation significative lie inversement les deux éléments — ce qui rappelle l'effet d'expérience), et l'effet différenciation, qui tient compte de la possibilité ou non, selon le cas, de se différencier des produits concurrents. Quatre grands types d'activité en découlent, qui sont ainsi analysés par le BCG :

— *L'activité concentrée* où la différenciation est peu stable ou peu rentable, et où seul peut être utilisé l'effet coût/volume (1). L'entreprise a deux choix stratégiques possibles : continuer dans la logique de concentration, ce qui l'oblige à augmenter ses capacités, à absorber des concurrents... ou s'orienter vers la spécialisation, à condition de trouver une différenciation stable.

(1) C'est le cas des mémoires de masse pour les ordinateurs, du gros électroménager...

— *L'activité spécialisée* où les deux effets sont forts, ce qui permet d'une part d'utiliser l'effet coût/volume à tous les stades de valeur ajoutée possibles (dans la standardisation de sous-ensembles, par exemple), et d'autre part se différencier le plus possible aux stades de valeur ajoutée où elle est visible (1).

— *L'activité fragmentée*, où la différenciation est l'option stratégique efficace, pour deux grands types d'activité :

- Celles qui sont latentes, ou en cours d'apparition, où tout est à faire — à commencer par créer le marché, car, quelles qu'en soient les raisons, il n'existe que potentiellement (c'est le cas de la production industrielle dans l'espace, des applications de la supra-conductivité et de la biotechnologie).
- Celles qui ne travaillent que « sur mesures » et à la demande, comme l'ingénierie : si le « sur mesures » est ici très payant pour tous les métiers de « matière grise », on constate une tendance à la « spécialisation » au sens du paragraphe précédent pour essayer de profiter de l'effet coût/volume chaque fois que c'est possible (2).

— *L'activité en impasse concurrentielle*, où aucun des deux effets ne peut être utilisé, peut s'avérer dramatique lorsque toute une industrie se trouve affectée, comme cela a été le cas à partir des années 70 dans la sidérurgie lorraine. La seule solution dans ce cas est de changer d'activité — de métier — ou changer le métier, c'est-à-dire faire le même produit final mais autrement (3)...

(1) Cette situation est particulièrement bien représentée chez les constructeurs d'automobiles : standardisation maximale des organes (moteurs, boîtes, etc.) et différenciation de tout ce qui est « visible » : design, équipements et même réseau de vente.

(2) C'est le cas d'activités *a priori* « artisanales », comme la conception de logiciels, la restauration, le commerce, la construction...

(3) C'est ce qui s'est en partie produit dans la sidérurgie européenne et se développera encore dans les années à venir pour en arriver à une activité spécialisée, non seulement grâce aux profondes transformations techniques qui l'ont rendue plus performante et plus souple, tout en réduisant les capacités installées ; mais aussi par l'apparition de nouvelles techniques, comme les aciéries électriques de petites dimensions et surtout, dans un avenir peut-être pas très éloigné, par l'utilisation de la métallurgie des plasmas. Cette activité, devenue « spécialisée » parce qu'elle est devenue un autre « métier », pourra faire jouer les deux effets, coût/volume et différenciation (cf. pour une étude analytique et synthétique approfondie de l'analyse stratégique : A. MARTINET, *Stratégie*, Vuibert, 2e éd., 1988).

Chapitre II

CONNAISSANCE DU MARCHÉ

> « By the pricking of my thumbs,
> Something wicked this way comes. »
>
> *Macbeth*, IV, 1.

L'artisan travaillant dans son atelier fait du « sur mesure » à qui le lui demande ; inversement Henri Ford n'a vendu pendant des années qu'un seul modèle de voiture, en une seule couleur, la Ford T noire, à des centaines de milliers de personnes. Entre ces deux extrêmes se situe le marché tel que nous le connaissons : des milliers ou des millions — selon le produit — d'acheteurs potentiels, qu'il est nécessaire de rassembler selon certains critères pour les isoler en tant que groupes plus ou moins homogènes, afin de leur appliquer une politique de production (fabriquer et leur vendre le produit qu'ils souhaitent) et une politique de communication publicitaire sélective, c'est-à-dire qui s'adresse à eux, à leur façon de voir les choses, à leur comportement d'achat, etc.

Cette opération de détermination des groupes d'acheteurs s'appelle la *segmentation* (1).

(1) Une opération similaire s'appelle la « typologie », « ensemble des techniques de simplification des données relatives à une population, permettant de concentrer la présentation de cette population en celle de ses principaux types » (Bouveyron, Griffon, Hugues, *Segmentation et typologie*, Bordas, 1970). La segmentation est un processus descendant (de l'ensemble du groupe vers les sous-groupes ou les individus) et la typologie un processus ascendant (des individus vers les groupes).

Elle se pratique à partir de critères très variés, quantitatifs et qualitatifs (âge, sexe, type d'habitat, revenus, catégorie socioprofessionnelle) aussi bien que psychologiques (conservatisme, autorité, attitude favorable ou défavorable vis-à-vis du changement, de la nouveauté, etc.) (1).

Cette démarche visant la connaissance des divers segments de clientèle est très importante pour l'entreprise ; elle s'appuie sur les enquêtes par questionnaires et les études de motivation, le plus difficile étant de trouver des critères vraiment significatifs et opérationnels sur lesquels agir avec succès.

Nous examinerons dans la suite de ce chapitre les différentes modalités de l'étude de marché en commençant par une étude importante entre toutes, celle des motivations.

I. — Les études de motivation

Tous ceux qui ont un produit, un service, une idée à vendre, ont besoin au premier chef de connaître les raisons véritables de la conduite de leurs publics, d'en déceler les structures latentes, les mécanismes cachés, consciemment ou inconsciemment. Ils se servent pour cela des études de motivation.

1. **Besoins et motivations.** — On agit pour satisfaire ses besoins dans un premier temps. Mais une fois que l'on mange à sa faim, que l'on est vêtu et logé, et qu'on a encore de l'argent à dépenser, on dépasse le stade des besoins primaires.

Certains auteurs ont dénombré d'autres besoins que l'homme cherche également à satisfaire : besoin de sécurité, besoin d'estime, besoin de s'accomplir, besoin d'appartenance à un groupe social ; il s'agit donc de découvrir quels sont les besoins insatisfaits pour répondre à cette demande potentielle.

(1) La nécessité de caractériser des segments de clientèle potentielle à partir de critères psychographiques et non plus seulement socio-économiques et démographiques a conduit à des études entreprises d'abord aux Etats-Unis, puis en Europe, connues sous le nom de « styles de vie » ou « courants socioculturels », concepts qui cherchent à relier les attitudes psychologiques profondes des individus à leur comportement, en termes de manière d'acheter et de consommer, et de choix de produits. En France, ces recherches sont menées par le CCA (Centre de Recherche Avancée du Groupe Havas) et par l'Institut français de Démoscopie (cf. pour plus de détails les ouvrages de Bernard Cathelat).

Mais à côté de ces besoins « clairs », il existe des raisons complexes que l'on appelle des *motivations* (1) : c'est ce qui pousse à faire, acheter, aller, etc., de façon à supprimer la tension engendrée par l'apparition du désir de faire, de posséder, d'utiliser, d'aller...

Ces motivations sont commandées par nos *attitudes* (2), c'est-à-dire notre prédisposition mentale permanente à réagir, à percevoir dans un sens déterminé, quelles que soient les circonstances : ainsi on sera pro-ceci, ou contre cela (les cravates en laine, le lait écrémé, les voyages en avion...).

Les attitudes ne sont pas innées. Elles sont le résultat de l'interaction d'influences de toutes sortes auxquelles nous sommes soumis en permanence depuis l'enfance : la *famille*, l'*entourage* (toutes les micro-sociétés dont nous faisons partie : école, club de sports...), la *classe sociale* à laquelle nous appartenons, les *groupes de référence* auxquels nous voulons nous identifier (3) et qui jouent le rôle de *modèles*, les *leaders d'opinion* et *prescripteurs* de toute sorte...

2. **Les raisons véritables de l'acte d'achat ne sont pas toujours conscientes.** — Il est primordial pour le producteur de connaître les motivations de ses clientèles potentielles pour savoir ce que les produits, condition-

(1) La motivation, qui se trouve à l'origine de nos conduites ou comportements, résulte d'un ensemble d'éléments conscients et inconscients, affectifs, intellectuels, aussi bien que culturels et physiologiques, en réaction constante les uns sur les autres. « Nos besoins primaires, remaniés par les facteurs sociaux, nos attitudes conscientes ou inconscientes, la situation devant laquelle nous nous trouvons, les valeurs auxquelles nous adhérons, nos aptitudes et capacités, la perception de notre statut (social) et de notre rôle (social), sont autant d'éléments qui modèlent et infléchissent nos conduites. [Conséquence :] deux individus placés devant la même situation peuvent adopter des conduites différentes puisque leurs motivations peuvent être dissemblables (...) [et] le même individu placé dans un contexte différent peut avoir des comportements différents » (DORRA et MILLET, *Les communications*, Dunod, 1970).

(2) Les stéréotypes, « idées reçues » et préjugés de tous genres sont, par exemple, des composantes souvent rencontrées dans les diverses attitudes.

(3) Cf. Vance PACKARD, *Les obsédés du standing*, Calmann-Lévy, 1960, et James THURBER, *The secret life of Walter Mitty*.

nements, messages publicitaires doivent représenter afin d'entraîner l'achat, préalablement auquel il y a la perception, « attitude agissante de restructuration des données objectives » (1), par laquelle, en quelque sorte, l'individu « réinvente » l'objet pour l'intégrer à ses besoins ou à ses désirs, ou au contraire le rejeter ; l'acte d'achat se présente comme une suite de perceptions positives qu'il faut susciter.

Le point de départ de ces recherches se situe dans les travaux de psychosociologues américains (2) à la suite des théories psychanalytiques développées par Freud, Adler, puis Horney, Fromm, Erickson (3), et des études sur les mécanismes de la perception développées par les psychologues « de la forme », et ceux du « comportement » (4), cherchant à mieux connaître la personnalité des acheteurs, et ce qui les poussait à agir. Ils ont découvert que la motivation joue un rôle moteur dans la conduite humaine, qu'elle est caractérisée par un déséquilibre, une tension, apparus sous l'effet de stimuli internes ou externes ; que la conduite a pour but de réduire ces tensions et de trouver un mode d'adaptation à la situation donnée, compte tenu des contraintes existantes ; que la conduite est orientée, qu'elle a une signification : satisfaire le « besoin » ressenti.

Le point capital est que celui qui subit les effets de ces mécanismes n'est pas toujours conscient de leur signification. Il faut donc distinguer soigneusement entre le sens que l'on prête à ses actes — les raisons que l'on donne pour expliquer de façon rationnelle sa conduite — et leur signification réelle. Il faut aussi tenir compte des conflits dont on est le siège : un même acte, parce qu'il comporte des côtés positifs et des côtés négatifs, peut

(1) F. Bouquerel, *Les études de marché*, PUF, 1967.
(2) Dans les années 30, E. Dichter, J. Vicary, etc.
(3) K. Horney, *La personnalité névrotique de notre temps*, L'Arche, 1953 ; E. Fromm, *L'homme pour lui-même*, Paris, 1967 ; E. Erickson, *Enfant et société*, Delachaux & Niestlé, 1965.
(4) Wolfgang Köhler, *Psychologie de la forme*, Gallimard, 1964, coll. « Idées » ; Watson et sa doctrine (1915), le behaviorisme, ou psychologie du comportement.

être une source d'insatisfaction (envie de boire, mais peur de s'enivrer ; envie de manger des gâteaux mais peur de grossir) ou de remords (si j'achète cet objet, je priverai les enfants d'autre chose car mon budget est limité). Cette notion de conflit, très importante en psychologie commerciale, explique les comportements de remplacement-substitution (1) de produits, de même que les refus et les pseudo-rationalisations face à une situation d'achat — donc de choix — donnée.

Tous ces travaux et recherches ont abouti à une série de constatations de portée suffisamment générale pour pouvoir être réunies en une sorte de théorie de l'acte d'achat (2) :

— les objets (biens ou services) sont des symboles, et le refus ou l'acceptation de leur signification symbolique pour soi-même (ceci fait sérieux, cela fait nouveau riche), entraîne l'achat ou le rejet ;
— acheter, c'est s'identifier : il y a toujours un accord profond entre ce que l'on veut être — ou paraître —, et ce qui peut être acquis (des sous-vêtements « James Bond » ou « Ceinture noire », une grosse moto que l'on se gardera bien de « pousser à fond », une montre ou une robe dessinée par une « idole » de la chanson) ;
— acheter, c'est s'exprimer : quoique nous fassions, nous nous exprimons aux yeux des autres, et nous sommes jugés ; nous achèterons donc pour nous-mêmes, et pour pas cher, une splendide cravate dans un parapluie, mais nous n'offrirons ce même morceau de tissu que « griffé » par un grand couturier ;

(1) Le processus de substitution a pour conséquence qu'un même besoin peut être satisfait par des comportements différents : incapable d'avoir un logement plus grand, faute d'argent, j'achèterai une voiture pour m'évader le dimanche. D'où la nécessité de connaître les biens et services susceptibles de remplir la même fonction, c'est-à-dire de satisfaire le même besoin, compte tenu du fait que ces produits concurrents ne sont pas forcément de même nature que ceux que l'on propose.

(2) Cf. A. Denner, *Principes et pratique du marketing*, Delmas, 1971.

— l'achat donne mauvaise conscience : en effet,

— choisir signifie renoncer à autre chose, ce qui entraîne le regret, voire le doute d'avoir bien choisi ;

— la dépense entraîne souvent un remords inavoué, d'ordre plus ou moins moral (nous retrouvons ici la notion de conflit), consécutif à un certain type d'éducation (1).

3. **Les modèles de comportement d'achat.** — Plusieurs modèles ont peu à peu été proposés par les chercheurs (Skinner, Howard, Sheth, Nicosia, Engel, Kollat, Blackwell...), qui tiennent compte de l'influence exercée sur l'acheteur par de nombreuses variables externes, ainsi que par leur propre personnalité, dans le processus de décision d'achat (fig. 5).

A) *Les composantes du modèle global simplifié :*

— les variables de marketing, stimuli parfois puissants, mais insuffisants pour entraîner seuls le choix final ;

— les facteurs d'environnement social (voir plus haut), qui traduisent les relations de chacun avec le milieu socio-économique dont il est issu et celui dans lequel il évolue dans sa vie adulte ;

— les facteurs de situation, comme les circonstances d'achat (consommation courante ou exceptionnelle, cadeau...), la localisation du point de vente, le moment de l'achat (en vacances ou en temps de travail...), etc. ;

— les facteurs personnels, les plus difficiles à étudier, à relier, à articuler les uns avec les autres et avec les autres variables de marketing, d'environnement social et de situation ;

(1) Cela est dû, en partie, à l'association jouissance-péché de la tradition chrétienne. Mais dans une société puritaine comme celle des WASP *(White Anglo-Saxon Protestant)*, aux Etats-Unis, en transformant le prix d'un objet, condition de son acquisition, en raison de cette acquisition (lors de soldes, par exemple), on ne fait pas un achat, mais une bonne affaire... et on se donne ainsi bonne conscience.

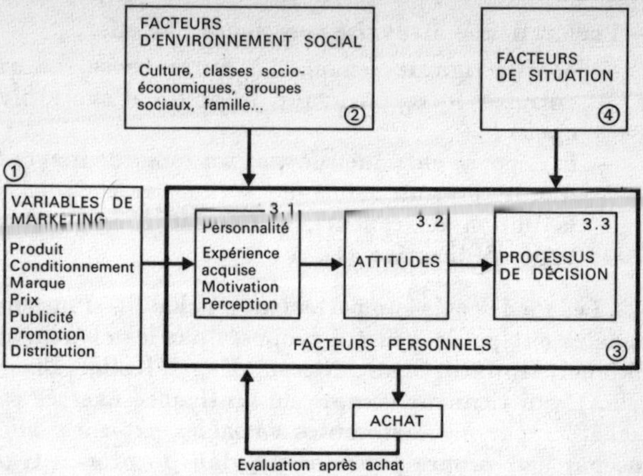

Fig. 5 — Modèle global simplifié du comportement du consommateur

— les facteurs de base : personnalité, style de vie, motivations, expérience acquise (à la suite par exemple d'un processus d'essais-erreurs-récompenses), perception (sélective toujours), et interprétation en fonction des facteurs qui précèdent ;
— les attitudes, résultat de l'interaction de toutes ces influences, essentielles en matière de marketing car directement reliées à l'intention ou au refus d'achat d'un produit, très difficiles à déterminer et à mesurer.

B) *Le processus de décision.* — Soumis à toutes ces influences et interactions, l'individu choisit ou refuse d'acheter selon deux types de comportement, mêlés en proportions variables :
— un comportement lié à la rationalité, destiné à maximiser sa satisfaction au moindre coût en argent, temps et énergie ; c'est un comportement rare... ;
— un comportement d'ajustement qui peut prendre trois formes :
- processus automatique ou de routine, où on reproduit une décision antérieure sans la remettre en

cause — qu'il s'agisse de l'inertie due à la faible implication dans cet achat, ou d'un véritable apprentissage avec renforcement positif ;

- processus de résolution limité aux connaissances actuelles, où des critères prédéterminés de choix ne sont pas remis en cause ;
- processus de résolution étendu, où on cherche des informations supplémentaires nécessaires pour se faire un jugement, surtout s'il s'agit d'un produit nouveau, important, ou dont le risque associé à l'acquisition est perçu comme élevé (1).

4. **Mise en œuvre de l'étude de motivation.** — L'étude de motivation va alors consister à interpréter les données de fait de façon à en retrouver le sens caché à travers la manière dont chacun explique sa conduite et les raisons qu'il se donne. Cela implique que l'on considère toute expression, sans exception, de l'interviewé — ses croyances, opinions, idées reçues... et même ses silences — comme ayant un sens : ce sont là tout un ensemble de symptômes derrière lesquels se cachent les motivations véritables qui font agir (acheter, utiliser), ou ne pas agir.

L'étude de motivation doit aussi tenir compte de certaines données essentielles :

— le comportement de l'homme comprend des mobiles rationnels (2) et irrationnels qui s'expliquent les uns les autres, d'où la nécessité d'étudier l'ensemble de la conduite, et non pas seulement un de ses aspects : que signifierait demander à quelqu'un ce qu'il pense du prix d'un bien ou d'un service, sans savoir l'idée qu'il se fait de sa qualité ?

(1) Cf., pour un plus ample développement, A. Dayan, J. Bon, A. Cadix, R. de Maricourt, C. Michon, A. Ollivier, *Marketing*, PUF, coll. « Fondamental », 4e éd., 1992 ; B. Pras, J.-C. Tarondeau, *Comportement de l'acheteur*, Sirey, 1983 ; B. Dubois, *Comprendre le consommateur*, Dalloz, « Gestion », 1990.

(2) Il ne faut pas croire, en effet, que les études de motivation ne s'appliquent qu'aux conduites où les aspects affectifs et irrationnels prédominent. Les comportements « commerciaux », comme les autres, comprennent à la fois des aspects rationnels et irrationnels, et ne pas en tenir compte conduirait à une mauvaise compréhension des phénomènes observés.

— le sens d'un comportement ou d'une attitude n'apparaît pas tout de suite : il faut le dégager d'un ensemble de données ;

— attitudes et comportements ne sont pas immuables : ils peuvent varier avec le temps, sous l'effet d'influences diverses (1) (élévation du revenu, changement de fréquentations, etc.) ;

— on ne peut pas distinguer les biens ou services que l'on étudie de leur contexte d'utilisation, pas plus que des représentations qui les entourent, c'est-à-dire de leur image de marque (robustesse, prestige, prix, etc.).

A) *Les études de motivation fournissent de précieux renseignements sur le plan commercial.*

1) *En ce qui concerne la clientèle*, on pourra connaître :

— les motivations d'achat, mais aussi les freins ;

— le processus d'information et de décision d'achat ;

— l'existence de prescripteurs (leaders d'opinion) et leur degré d'influence, de même que l'influence des distributeurs ;

— les conditions et le moment d'utilisation des produits et des services ;

— le comportement d'achat (achat réfléchi ou d'impulsion, perception des lieux de vente, association à d'autres types d'achat, degré d'importance attaché à la possession personnelle et à la présence de tel bien chez soi) ;

— la typologie de la clientèle, classée en fonction de critères psychosociologiques caractérisant la personnalité ;

(1) Parmi les facteurs susceptibles de les modifier, cités par Cl. Werk (La notion d'attitude, *Revue française du marketing*, n° 26, 1968) : les attitudes de groupe sont plus stables que les attitudes individuelles ; les attitudes les plus difficiles ou longues à modifier sont les plus extrêmes ainsi que celles qui sont liées à la satisfaction de « besoins » puissants ; un système d'attitudes cohérent et équilibré aura moins tendance à se modifier ; il y a une forte corrélation entre l'intelligence et le pouvoir de modifier ses attitudes ; la modification dépend de la nature de l'information, de la crédibilité et du prestige de la source.

— l'évolution des goûts et des habitudes des différentes clientèles vis-à-vis du type de produit-service étudié, le déplacement vers d'autres sources de satisfaction (en fonction de la mode, de l'évolution du mode de vie, etc.).

2) *En ce qui concerne la publicité*, les études de motivation interviennent lors de la préparation de la campagne :

— elles servent à mettre au point la « plate-forme rédactionnelle » ou argumentaire à développer pour influencer chaque type de clientèle, chaque segment de la cible de l'annonceur (axes, thèmes publicitaires) ;
— elles permettent aussi de découvrir ce qu'il ne faut pas dire !
— quel type de publicité employer ? Informative, de prestige, de notoriété, d'entretien ? Le public n'est-il pas saturé de publicité pour ce type de produit ou de service ?

3) *En ce qui concerne les produits existants :*

— savoir dans quelle phase de leur vie ils se trouvent, afin de prévoir à temps, c'est-à-dire avant qu'il soit trop tard vis-à-vis de la concurrence, les modifications éventuelles en cas de changement du goût des clientèles, les modifications en vue d'une nouvelle utilisation, ou encore une forte demande qui, si elle restait insatisfaite, se porterait sur les produits concurrents ou sur un autre type de produit ; connaître leur image de marque, afin de savoir comment elle se situe face à la concurrence, et comment elle a évolué dans le temps — cela dans le cas où on effectue périodiquement une telle étude — pour voir si on propose au type de clientèle visé le type de produit ou de service qu'elle attend, c'est-à-dire si les politiques de vente, de distribution, dc promotion en général sont appropriées, ou s'il faut revoir la politique commerciale sur un ou plusieurs points (prix, gamme de produits, argumentation, élargissement de la clientèle, etc.).

4) *En ce qui concerne les produits nouveaux*, les études de motivation permettent, préalablement à la conception et au lancement, et afin de minimiser les risques d'échec, de connaître l'évolution des goûts et des modes de vie, ainsi que les tendances probables ou possibles de l'orientation du marché ; elles permettent aussi de découvrir des segments de marché mal ou encore inexploités, dans lesquels on pourra faire une « percée », et profitant de l'effet de surprise, s'implanter peut-être durablement.

5) *En ce qui concerne la distribution*, des études menées auprès des détaillants permettent de connaître :

— en fonction de quoi ils conseillent ou déconseillent les produits ;
— l'image qu'ils ont de leurs fournisseurs ;
— comment ils choisissent produits et fabricants ;
— ce qu'ils pensent des différents produits (qualités, défauts, occasions de s'en servir...) ;
— l'influence exercée sur les clientèles ;
— leur cadre de travail, leurs difficultés et leurs souhaits, afin si possible, en y répondant en partie, de mieux se placer que la concurrence.

6) *Toujours en ce qui concerne la distribution*, une étude de motivation auprès des utilisateurs permettra de connaître l'adéquation des points de vente au type de produit, la qualité du service après vente, le degré d'approvisionnement des magasins, l'influence des distributeurs. On pourra ainsi découvrir des freins à l'achat qui n'ont rien à voir avec la qualité du produit — perception défavorable des points de vente, par exemple, existence de types de clientèle très différents nécessitant une différenciation des points de vente...

B) *Réalisation pratique des études de motivation.* — Tout ce qui précède montre que ces études sont essentiellement qualitatives — il s'agit de comprendre et d'expliquer — et qu'elles ne pourront fournir des informations que de manière indirecte.

L'échantillon utilisé ici n'est pas comparable à celui des enquêtes par sondage : il est de petite taille (1) dans un premier temps (une quarantaine de personnes environ) et pas du tout représentatif, statistiquement, de la population concernée. Par contre, il est significatif des grands types d'attitude ou de comportement par rapport à la question étudiée.

1) *La première phase de l'étude comprend des entretiens individuels*, menés à domicile par la méthode semi-directive ou non directive, selon le domaine exploré. Dans les deux cas, l'enquêteur a une tâche difficile : il doit être « neutre », ne manifester qu'une certaine empathie vis-à-vis de l'interviewé ; il ne doit pas discuter, faire preuve d'autorité, influencer, approuver ou désapprouver ; il ne doit ni interpréter, ni évaluer, ni « proposer une solution » ; il ne doit parler que pour dissiper son anxiété ou l'aider à s'exprimer, le cas échéant, ou pour le ramener vers un point omis ou insuffisamment traité (2).

Cela pour permettre l'intériorisation indispensable, avec la mise en confiance, pour que l'enquêté se laisse aller à parler librement : tout doit en effet venir de lui, et de lui seul.

2) *Cette première phase comprend aussi des « discussions de groupe » :* huit à dix personnes de catégorie socio-professionnelle identique ou très proche sont réunies

(1) C'est que ces études sont chères : longues — trente à soixante minutes —, elles requièrent des enquêteurs spécialisés et l'interprétation par plusieurs psychosociologues de l'enregistrement intégral de l'entretien.

(2) C'est le cas lors des interviews « centrées », menées par la méthode semi-directive, où l'enquêteur doit recueillir des informations sur une question très générale (le fromage), et ainsi faire parler l'enquêté sur quelques points particuliers (le fromage frais, le fromage pasteurisé).

en présence d'un « animateur » chargé de faire parler tout le monde. La séance, qui peut durer jusqu'à deux heures, est enregistrée au magnétophone — comme les interviews individuelles — et parfois aussi au magnétoscope. L'animateur, sans intervenir personnellement ni avoir un comportement directif, relance chaque fois que c'est nécessaire la discussion sur les points que l'on veut faire traiter. On ne peut pas, dans ce type de réunion, obtenir que chacun s'exprime aussi « complètement », « en profondeur », que lors des interviews individuelles ; on obtient par contre des renseignements très intéressants au sujet des préjugés et des idées reçues concernant les produits, services ou idées étudiés : en effet, le groupe favorise l'expression de certaines opinions que l'on n'a pas osé émettre « tout seul », mais que l'on découvre dès lors que l'un des participants l'avoue franchement, ou même l'effleure seulement. Or, lorsqu'on est en situation d'achat, les idées que « les autres » se font influencent la décision, et cela d'autant plus que le bien ou service en question sont valorisés socialement. La réunion de groupe permettant de mettre au jour les stéréotypes est le complément naturel de l'entretien individuel.

3) *La deuxième phase de l'étude de motivation concerne les entretiens ou « tests » extensifs.* — Cette fois l'échantillon, beaucoup plus important (deux ou trois cents personnes), peut être dans certains cas représentatif statistiquement de la population à étudier. Les entretiens individuels et de groupe ont permis de dégager les grandes lignes de l'attitude et du comportement des utilisateurs et non-utilisateurs interrogés, et ont donné des indications qui vont permettre à l'étude de s'orienter avec plus de précision : on va ainsi contrôler la validité et la possibilité d'extrapolation des résultats précédemment obtenus, en interrogeant un grand nombre de personnes, suivant le canevas et les idées-force suggérés au cours de la première phase.

C) *Quelques techniques employées en étude de motivation.* — Elles sont, pour la plupart, dérivées de la psychologie clinique :

1) *Les entretiens libres non directifs* permettent à l'interviewé de se laisser aller peu à peu à exprimer le fond de sa pensée, même si au début il était un peu réticent ; on finit toujours par se découvrir, au bout d'un temps plus ou moins long, surtout si ce sont des idées auxquelles on tient ; on se prend d'ailleurs au jeu de s'expliquer à soi-même le pourquoi de telle attitude ou comportement... et en fait, on se livre : c'est de l'auto-exploration à voix haute.

2) *Les entretiens associatifs* sont de divers types, mais ont tous pour but de découvrir à quoi tel objet, idée, nom, marque, etc., fait penser :

— *Association libre :* l'interviewé dit spontanément tout ce qui lui vient à l'esprit à propos de « l'objet » présenté.

— *Association de mots :* on montre ou on fait entendre à l'interviewé un mot (nom, marque...) inducteur, pour qu'il dise rapidement les mots que cela lui évoque.

— *Association d'images :* au lieu de demander à l'interviewé ce qu'il pense d'une voiture, d'une marque de cigarettes ou de montres... on lui présente ces différentes voitures, montres et cigarettes, ainsi que des images d'utilisateurs assez typés — agriculteur, père de famille, employé de bureau, secrétaire, ouvrier, homme sportif, homme d'affaires, jeune femme active, etc. — en lui demandant de les apparier. C'est là un test rapide, facile, et d'interprétation relativement aisée.

— *Association de mots contrôlés :* l'interviewé doit préciser à quels mots (par exemple des qualificatifs) figurant sur une liste qui lui est présentée il associe le mot, l'idée, l'objet à étudier.

— *Méthode des compléments de phrase :* l'interviewé doit terminer des phrases incomplètes concernant plus ou moins le sujet étudié.

3) *Les tests projectifs* sont l'exploitation du phénomène général de projection (1), par lequel nous attribuons aux autres nos propres attitudes ou désirs inconscients ou refoulés : dans ce type de tests, on met l'interviewé en présence de situations qu'il doit décrire, raconter, interpréter ; il parle alors de ce que font les personnages, à la troisième personne, et exprime ainsi ce que lui pense, mais qu'il n'aurait peut-être pas dit à la première personne du singulier.

L'interview par « imagination réalisante » : l'interviewé est invité à dire ce que ferait un personnage dans la situation décrite ; il va, en fait, dire ce que lui-même ferait, prêtant sa propre attitude à l'autre.

— *Les tests de « perception thématique » (thematic apperception test)*, dans lesquels on présente à l'interviewé des images de situations concernant un thème donné, qu'il doit commenter. L'exemple le plus classique est celui de la recherche des motivations profondes du fumeur : les planches représentent l'attente dans un hôpital, devant un arrêt d'autobus, un personnage au travail, un autre au cours d'une réunion en présence de personnes du sexe opposé... et l'interviewé doit dire, en les classant éventuellement, dans quel cas le personnage central a le plus envie de fumer ; cela permet de déceler des motivations comme l'anxiété, l'impatience, la contenance... que le fumeur n'avouera pas ou ignore lui-même, en se donnant d'autres « bonnes raisons ».

4) *D'autres techniques* ne nécessitant pas l'interprétation par des psychologues sont employées, comme les *échelles d'attitude*, dont la plus connue est le « différenciateur sémantique » d'Osgood (2). L'interviewé doit « situer » le produit, service ou marque étudiés sur des axes « échelonnés » dont

(1) « Oui, vous voyez tout en moi à votre complaisance, mais ce n'est voir que vous... », dit Lust au Disciple dans *Mon Faust* de VALÉRY. C. G. JUNG parle ainsi de la projection (*L'homme à la découverte de son âme*, Paris, Petite Bibliothèque Payot, 1963) : « La projection est ce que [l'individu] investit [dans le monde], c'est-à-dire les mirages, les chimères intérieures qui se plaquent sur l'objet, en interdisant la perception. Car la projection (...) travestit la perception, l'efface même pour être perçue à sa place. »

(2) Les échelles d'attitude sont classées en trois groupes : évaluation, préférence et intention d'achat. Les échelles d'évaluation (d'Osgood, de Likert, de Thurstone, échelles à somme constante) cherchent à apprécier la nature favorable ou défavorable d'un jugement ; les échelles de préférence cherchent à connaître comment on compare les objets étudiés (classement, comparaison par paires, 1er, 2e et 3e choix) ; les échelles d'intention cherchent à connaître la probabilité de survenance d'un événement (achat, par exemple). Voir pour une étude plus complète J.-J. LAMBIN, *Le marketing stratégique*, McGraw-Hill, 1986, et J. BON et P. GRÉGORY, *Techniques marketing*, Vuibert, 1988.

chaque extrémité correspond à des caractéristiques opposées : « Situez la Mercedes 220 sur ces cinq axes » :

Bon marché	└─┴─┴─┴─┴─┘	**Chère**
Robuste	└─┴─┴─┴─┴─┘	**Fragile**
Nerveuse	└─┴─┴─┴─┴─┘	**Molle**
Sûre	└─┴─┴─┴─┴─┘	**Dangereuse**
Distinguée	└─┴─┴─┴─┴─┘	**Vulgaire**

D) *Exploitation de l'étude de motivation.* — *L'analyse du contenu* de l'ensemble des matériaux ainsi obtenus et réunis est faite dans un premier temps, fondamental, par les psycho-sociologues. C'est à eux qu'il incombe de dégager, de l'écoute et de la transcription des entretiens non directifs et des réunions de groupe, les éléments clefs des attitudes qui seront ensuite validés lors des tests extensifs de la deuxième phase. L'analyse est à la fois verticale — chaque entretien est étudié tout seul à fond — et horizontale — recherche des thèmes communs à l'ensemble ou à une fraction de l'échantillon.

Ce n'est qu'après la phase extensive de l'enquête que des données utilisables par les gens du marketing pourront être dégagées pour être mises en œuvre de façon opérationnelle : lors des mises au point des produits nouveaux ou de l'adaptation aux changements du marché de produits existants, lors de l'étude des conditionnements, des noms de produits ou de marques, lors de la mise au point de l'argumentaire, des axes et des thèmes des campagnes de publicité, etc. (1).

(1) Pour étudier l'image des produits et l'image institutionnelle — à l'intérieur et à l'extérieur des entreprises —, l'Institut d'études et de recherche Synthèse a mis au point une méthode très avancée d'analyse du discours qualitatif : l'Idoscope. Le discours à traiter peut être oral, produit par des interviews non directives, ou écrit (provenant par exemple des articles de presse).

La méthode met à jour les éléments dénotatifs et les facteurs connotatifs du langage, les structure et les soumet à la mesure statistique. Cela permet les comparaisons synchroniques (les histogrammes indiquent les valeurs que prend l'image des produits et des institutions concurrentes dans une période donnée) et les comparaisons diachroniques (comment l'image évolue de période à période, notamment après des actions correctives). L'Idoscope intègre une étude thématique très fine, des analyses sémantiques, un travail sur les figures de rhétorique (notamment sur les métaphores). La synthèse s'opère par des méthodes de l'anthropologie qui mettent à jour, en les hiérarchisant, les thèses sous-jacentes et les rattachent aux mythes qui traversent nos sociétés. Bien que d'une élaboration complexe, les résultats sont faciles à lire pour l'utilisateur qui y trouve une sorte de tableau de bord « qualitatif quantifié ».

II. — L'étude des marchés de consommation

Connaître ses marchés, au sens large, c'est connaître ses clientèles potentielles et leur environnement (économique, psychologique, législatif...). Cette connaissance doit être la plus complète possible : quantitative, qualitative, motivationnelle.

L'entreprise dispose de divers moyens ainsi que de multiples sources d'information pour l'étude quantitative-qualitative :

— *Ses propres résultats d'activité* : l'analyse bien conduite de ses ventes, de sa prospection, du suivi des affaires, des réclamations de la clientèle, etc., lui permet déjà de connaître ses variations d'activité (par secteur géographique, par type de produit — pour savoir dans quelle phase de leur cycle de vie ils se trouvent —, par type de distributeur...) comme la répartition de ses clientèles et leur renouvellement, le rendement de la force de vente et des campagnes publicitaires et promotionnelles ;

— *Les statistiques externes à l'entreprise* sont très nombreuses, quoique de qualité variable. Les plus sérieuses proviennent d'organismes de recherche comme l'INSEE ou le CREDOC en France, dont le caractère non lucratif présente, à côté d'avantages indéniables, l'inconvénient pour l'entreprise du délai assez long de publication et de l'anonymat complet des partenaires économiques. Les organisations professionnelles (syndicats de producteurs, etc.) fournissent aussi des données mais elles doivent être interprétées avec précaution (tous les professionnels n'adhèrent pas au groupement, ou ne donnent pas forcément des chiffres exacts par crainte du fisc, de la concurrence). Ces réserves faites, l'entreprise peut en tirer une certaine connaissance de l'évolution globale du marché du produit dans le temps, de sa répartition géographique, voire par type de distributeurs, etc. (1).

(1) Mais le marché amont (les fournisseurs) et le marché aval (les clients) doit aussi être étudié, dans le cas des producteurs de biens

1. Enquêtes spécifiques. — Lorsque l'entreprise a épuisé les sources d'information internes et externes, sans pour autant avoir une connaissance suffisante de ses clientèles, elle doit entreprendre une étude *ad hoc* qui lui fournira les clés du marché et dont elle sera seule à connaître les résultats. Cette étude comprend l'établissement d'un échantillon des clientèles potentielles, une ou plusieurs enquêtes par sondage, le dépouillement et l'analyse des résultats.

A) *L'échantillon* doit être représentatif, c'est-à-dire refléter fidèlement le comportement de l'ensemble de la clientèle étudiée ; plusieurs méthodes d'échantillonnage sont employées :

— *Echantillon aléatoire ou probabiliste simple*, lorsqu'on dispose de la liste complète de la population étudiée, ce qui n'est le cas que des professionnels (médecins, pharmaciens, fleuristes...) figurant dans des annuaires ou des listes. Cette méthode est la plus rigoureuse, car le hasard seul préside au choix et que tous ont une chance égale d'être choisis ; la plupart du temps on ne dispose pas de la liste exhaustive d'une population donnée ; on procède alors à un *tirage à plusieurs degrés* (découpage d'une ville en quartiers, des quartiers en îlots, des îlots en immeubles, tirage au sort de quelques immeubles dans lesquels on interrogera quelques habitants) ou à une désignation *à peu près aléatoire* (des enquêteurs répartis dans un secteur donné et immobiles doivent interroger toutes les quinze ou trente minutes la personne qui passe devant eux) ;

— *Echantillon probabiliste stratifié :* après avoir déterminé des « strates » ou couches (régions, types

intermédiaires qui fournissent des fabricants qui à leur tour fournissent le marché de détail ; tous sont interdépendants, et des variations chez l'un se répercuteront immanquablement chez les autres. Le marché des produits de substitution est aussi important à connaître que celui des biens identiques, car ils sont tous susceptibles, pour des raisons de mode, de prix, de facilité d'emploi, d'approvisionnement, etc., de se remplacer mutuellement : ainsi, dans le bâtiment, le ciment, la brique, la pierre, le bois, l'aluminium et l'acier, le verre, la matière plastique...

d'habitat, catégories socioprofessionnelles...) on construit un échantillon en donnant à chaque strate un « poids » proportionnel à son importance par rapport à l'ensemble de la population étudiée ;

— *Echantillon probabiliste « en grappe » :* lorsque l'on interroge tous les chefs de ménage d'un immeuble tiré au sort, les réponses risquent de présenter une certaine similitude — « effet de grappe » — en raison de la « contagion » par l'environnement (social, économique, culturel, etc.) ;

— *Echantillon non probabiliste, déterminé à partir de la « méthode des quotas » :* après stratification de la population étudiée, on construit un échantillon (en fonction de l'âge, du pouvoir d'achat, etc.) ; mais cette méthode, peu précise, ne permet pas le calcul du pourcentage d'erreur, contrairement aux méthodes probabilistes.

— *Sondage ciblé :* bien que peu représentative statistiquement parlant, cette forme d'échantillonnage est la plus employée en marketing pour des raisons de commodité et parce qu'en réalité les résultats sont suffisamment fiables pour un coût peu élevé et obtenus en peu de temps. On choisit le type de personnes à interroger (les acheteurs de bière de luxe, par exemple) et on s'assure par une première question filtre, à la sortie de points de vente du produit en question, que les acheteurs abordés font bien partie de la cible.

Une fois l'échantillon déterminé, l'enquête proprement dite va pouvoir commencer. Elle cherche la réponse aux questions : *qui* achète (ou n'achète pas) *quoi ? où ?* (région, type de point de vente), *quand ? comment ? en quelle quantité ? à quel prix ? avec quelle fréquence ?*

B) *Le questionnaire* d'enquête est délicat à mettre au point, et il faut le tester avant l'emploi : il doit éveiller l'intérêt, être toujours clair et précis, ne pas permettre d'ambiguïté ni de réponse « à côté » ; il ne doit pas suggérer de réponses ; sa formulation doit toujours être parfaitement neutre (1) ;

(1) Au lieu de demander : « Ce nom convient-il à une laque pour les cheveux ? », on dira : « Ce nom, à quel produit de cette liste l'associez-vous ? Savon, chocolat, biscuit, laque pour les cheveux, lessive, dentrifice ? »

les questions ne doivent pas être « biaisées » (mettre en jeu le prestige social, l'éducation ou la mémoire) ; en cas de difficulté, un dessin parlera davantage à l'enquêté qu'une longue question ; les mots employés doivent être compris : nombre de personnes ne savent pas exactement ce que signifie hebdomadaire... et répondront de travers ; il faut se méfier des adverbes de fréquence (parfois, rarement, souvent) qui donnent lieu à des interprétations différentes selon les individus, et les remplacer par des fréquences chiffrées (deux, trois, quatre fois par mois) ; enfin, certains mots très courants ont un sens différent selon les régions : à Paris, on dîne le soir, dans une partie de la province, à midi.

On distingue les *questions fermées* (réponses par oui ou par non, ou en citant une quantité), les *questions ouvertes*, où toutes les réponses sont possibles (qu'apporte la chlorophylle à un dentifrice ? A quoi sert la mousse de la lessive dans le lavage du linge ?), les *questions semi-ouvertes* ou à *choix multiple* (lesquelles parmi ces six marques connaissez-vous, employez-vous ?), les *questions avec classement* (des ménagères nous ont donné les raisons pour lesquelles elles préfèrent le lait en poudre ; voulez-vous classer ces raisons en plaçant en tête celle qui vous paraît la plus importante, et ainsi de suite jusqu'à celle qui vous paraît la moins importante ?), *les questions à échelle* (on fait juger une opinion par rapport à une échelle représentée par des notes ou des appréciations : « Voici une série de notes allant de zéro à dix, pour chacun des aspects de la voiture (forme du capot, des ailes, aspect extérieur de l'ensemble...) que je citerai, voulez-vous attribuer, en l'entourant, une note correspondant à votre opinion ? »).

La passation du questionnaire nécessite aussi une compétence certaine, l'enquêteur ne devant pas influencer l'enquêté dans ses réponses. Une fois l'enquête effectuée, les questionnaires sont dépouillés et analysés : cette analyse doit tenir compte de la sincérité très relative des réponses aux questions « embarrassantes », comme celles qui ont trait au niveau de revenu ou de connaissances, à la consommation ou à la possession de certains biens : l'enquêté souhaite avant tout donner de lui une image flatteuse (on se valorise socialement en se déclarant favorable à des produits dont la possession est flatteuse). Il ne faut pas oublier non plus qu'en aucun cas l'enquête par questionnaire ne permet de répondre à la question « pourquoi » : cela est du domaine exclusif de l'étude de motivation.

2. **Enquêtes collectives en souscription.** — Des sociétés d'études de marché réalisent périodiquement des enquêtes

auprès d'échantillons permanents (1), sorte de minipanels — sur divers sujets susceptibles d'intéresser un nombre suffisant d'entreprises clientes, afin d'en abaisser le coût. Les enquêtes sont « collectives, c'est-à-dire que chacun peut en acheter les résultats par souscription (2) à une ou plusieurs des questions posées à l'échantillon, soit directement par des enquêteurs, soit par voie postale. Il en existe de plusieurs sortes : auprès des agriculteurs, des mères de bébés, des médecins, des pharmaciens, des hommes, des femmes, des jeunes, etc., elles concernent la consommation de biens, la consommation de fuel domestique, la consommation médicale, etc.

3. **Panels de consommateurs.** — On appelle ainsi des groupes témoins permanents, échantillons représentatifs du comportement d'achat des ménages ordinaires (3). Le panel reflète le plus fidèlement possible la population que l'on étudie et chacun de ses membres, répertorié et fiché pendant plusieurs années, répond régulièrement à un questionnaire type, le relevé d'achat. Des sociétés commerciales spécialisées gèrent les panels (en France, la principale est la SECODIP (4)).

A) *Fonctionnement du panel.* — Après que les ménages ont été tirés au sort et une lettre d'avis de passage envoyée à tous les intéressés, des enquêtrices leur rendent visite pour leur expliquer la nature de la collaboration souhaitée : remplir et renvoyer chaque semaine un relevé d'achats. Ceux qui acceptent d'être panélistes reçoivent en contrepartie des « points » à échanger contre les articles figurant dans un « catalogue de

(1) Par exemple, 1 000 hommes et 1 000 femmes pour un échantillon interrogé par des enquêtes par voie postale.

(2) On peut aussi ajouter des questions personnelles, dont on aura l'exclusivité de la réponse. En 1991, en France, on pouvait souscrire à une question auprès de l'échantillon « par enquêteur » (2 000 individus) pour 2 500 F, et auprès de l'échantillon « par voie postale » (10 000 individus) pour 27 000 F.

(3) L'origine des panels remonte à 1933 : un jeune ingénieur, Arthur C. Nielsen, remarque que si les entreprises peuvent contrôler leur production, elles ne savent plus ce qu'elle devient, une fois sortie de l'usine. Comme Gallup avec ses sondages, il décide d'appliquer au marché les méthodes statistiques en établissant deux listes de personnes (*panel* en anglais), l'une de consommateurs, l'autre de commerçants détaillants.

(4) Une nouvelle forme de suivi des achats existe depuis 1985 : le panel Erim, qui recrute quelques centaines de clients dans quelques points de vente en libre service et leur confie une carte magnétique qui, présentée à la caisse reliée à un ordinateur, permet de connaître le pourcentage d'essais, de rachats, de mixité des achats, etc., données très utiles pour le suivi des tests en magasin lors du lancement d'un produit, de la modification d'un conditionnement ou d'un prix, etc. Scan 5000 (Nielsen), panel de consommateurs à carte, est analogue.

primes », soit la contre-valeur de 250 F par an si les envois ont été ponctuellement faits chaque semaine.

La société de panels vérifie la représentativité statistique du groupe témoin, et s'assure de sa répartition conforme à celle de l'ensemble de la population par rapport à des variables socio-démographiques et d'équipement en appareils ménagers (machine à laver, réfrigérateur, etc.), cette représentativité devant être assurée par rapport aux achats et à l'exposition à la publicité (1).

B) *Suivi de la composition du panel.* — Le panel s'use, comme tout organisme vivant, et on le renouvelle par quart chaque année : pour rester représentatif de la population, il doit s'adapter aux nouvelles données socio-démographiques ; or les panélistes vieillissent, déménagent, ont d'autres enfants... ; parce qu'une collaboration de plusieurs années habitue les panélistes à contrôler leurs achats, les rendant ainsi plus attentifs et critiques : ils ne sont plus alors le reflet de la population étudiée.

C) *Renseignements fournis par le panel.* — Les relevés d'achat reçus chaque semaine sont codifiés, contrôlés, transcrits sur cartes mécanographiques puis sur bandes magnétiques et traités en ordinateur. C'est à partir de là que vont être élaborés les résultats fournis aux entreprises, qui doivent s'abonner annuellement (1) pour un ou plusieurs produits.

Les informations standard fournies à l'identique à tous les abonnés à un même marché concernent les produits et les acheteurs : étendue globale et évolution du marché du produit et de chaque marque en particulier ; position relative de chaque marque sur le marché ; structure générale du marché selon la catégorie socioprofessionnelle, le type d'habitat, l'âge, le revenu... de la clientèle ; habitudes d'achat (fidélité aux produits et aux marques...) ; part de marché correspondant à chaque forme de distribution, à chaque type de point de vente et à chaque méthode de vente (informations que l'on comparera avec celles que fournissent les panels de détaillants) ; résultats, éventuellement, des campagnes de promotion des ventes.

Ce n'est pas tout. L'étude attentive des informations fournies par le panel peut permettre de déceler des segments de marché potentiels, ainsi que la fréquence de renouvellement des produits, le rythme saisonnier des achats, le degré de mixité intermarques pour un même produit, le degré et la

(1) Une réserve de 700 ménages par panel permet de faire face à toute défection brusque ainsi qu'à la mise à jour permanente des panels. Ces « panélistes-*bis* » se comportent exactement comme les autres, envoient leurs relevés chaque semaine.

vitesse de pénétration d'un produit ou d'une marque nouvellement lancés sur le marché. Enfin, les résultats des panels sont de la plus grande importance pour l'établissement des « plans de media » des campagnes publicitaires.

4. **Panels de détaillants.** — Tous les intermédiaires, grossistes et détaillants, sont un écran entre le client final et le fabricant, qui ignore souvent ce que devient son produit une fois sorti de l'usine (1). Or il a besoin de connaître la réponse aux questions :

— quel est le degré de dynamisme du réseau de distribution ?
— quel est le pourcentage obtenu par chaque type de point de vente dans l'écoulement total de ses produits et de ceux de ses concurrents ?
— quels sont les circuits de distribution ou les types de point de vente le mieux adaptés à ses produits, compte tenu de leur coût et de leur rendement ?
— quels sont ceux adoptés par la concurrence ?

La réponse à toutes ces questions est indispensable également au publicitaire, qui doit « couvrir » le maximum de clientèle appartenant à la « cible » visée lors des opérations de promotion.

A) On a créé pour cela des *panels de détaillants* (2), groupes témoins permanents, dont le fonctionnement est le suivant :

— Les détaillants qui acceptent (3) de faire partie du panel tiennent à jour leurs ventes par l'inventaire des stocks et des commandes de réapprovisionnement ; tous les deux mois, un enquêteur de la société de panels se rend sur le lieu de vente

(1) En France, par exemple, on compte environ 3 500 parfumeries et 40 000 coiffeurs ayant un rayon de vente au public, 17 000 pharmacies, 13 000 drogueries, plus de 150 000 magasins d'alimentation...

(2) A. C. Nielsen, première société mondiale de panels de détaillants, les appelle « Index ». Secodip gère Intercor (qui suit un échantillon d'hypermarchés, supermarchés, supérettes et petits magasins traditionnels) et Scannel, panel de points de vente d'alimentation générale équipés en lecteurs optiques de codes à barres (appelés scanners et installés depuis 1985). Les entreprises s'abonnent pour une période de plusieurs mois à un an, pour un prix, en 1991, allant de 290 000 à 400 000 F par an pour un marché simple. Il existe aussi des panels spécialisés par secteurs (céréaliers, éleveurs), et même des panels de pharmaciens et de médecins (IMS, Dorema, Gers).

(3) Nielsen gère les « index » (panels) suivants : drogueries, pharmacies, parfumeries et coiffeurs, boulangeries, bureaux de tabac, bars-cafés-restaurants, magasins d'alimentation (toutes tailles, tous types de circuits) et « grossistes-entrepôts ». Les échantillons ne sont pas proportionnels au nombre de magasins existants dans chaque catégorie, mais aux chiffres d'affaires, pour une meilleure précision des résultats.

pour pointer les factures et bons de commande ainsi que pour pointer les factures et bons de commande ainsi que pour faire l'inventaire matériel des stocks en magasins et en réserve. Ce travail permet de fournir aux entreprises abonnées :

— en ce qui concerne les achats des détaillants : les quantités, la part de marché de chaque marque dans ses achats (pourcentage qui revient à chaque marque dans le total des achats de la même classe de produits), la source (achat direct ou par l'intermédiaire d'un grossiste), les achats moyens mensuels et le pourcentage de magasins ayant acheté chaque marque pendant la période considérée ;
— en ce qui concerne la vente aux consommateurs : les quantités en unités de conditionnement et la valeur correspondante en francs au prix public, la part (en volume et en valeur) de chaque marque par rapport au marché total du type de produit considéré, les ventes mensuelles moyennes, les magasins (en pourcentage), qui ont effectivement vendu chaque marque soumise à l'étude au cours de la période considérée ;
— en ce qui concerne les stocks : la quantité détenue, la part relative de chaque marque, le stock moyen à la fin de chaque période de deux mois et « l'approvisionnement des magasins » (ou durée pendant laquelle le stock détenu suffit à satisfaire une demande maintenue au rythme actuel, sans nécessité de réapprovisionnement : c'est l'inverse de la rotation des stocks) ;
— en ce qui concerne la disponibilité : le pourcentage de magasins détenant le produit lors du passage de l'enquêteur, et de ceux qui sont en rupture de stock, totale ou seulement dans la surface de vente ; la « disponibilité-valeur » (1), ou part du chiffre d'affaires total de la classe de produits réalisée par les magasins détenteurs de chaque marque étudiée, afin de mesurer la « qualité » de la présence au point de vente ;
— en ce qui concerne la p.l.v. (voir chap. V), elle est mesurée sous forme de pourcentage exprimant le nombre de magasins ayant fait bénéficier chaque marque d'un soutien publicitaire au point de vente au cours de chaque période (exposition en vitrine, étalage dans le magasin, affichage).

(1) On compare, dans chaque région, la « distribution numérique » d'une marque (elle est présente dans 55 % des points de vente) à la « disponibilité-valeur » de cette marque (ces 55 % des magasins détenteurs de la marque font 35 % du chiffre d'affaires du groupe de produits auquel appartient la marque — mauvais score — ou au contraire 70 % — bon score de disponibilité-valeur).

B) L'organisme de panels fournit aux entreprises abonnées le détail de tous les renseignements, ventilés par produit, marque, modèle, type ; région et catégorie d'agglomération (type d'habitat et nombre d'habitants) ; type et importance des points de vente (petits libres-services, hypermarchés, etc.).

Les producteurs connaissent alors :

— l'importance de chaque type de circuit et de chaque type de point de vente dans l'écoulement des produits et des marques (ils peuvent ainsi voir où « ça marche », où quelque chose « ne va pas ») ;
— l'incidence des changements de politique en matière de prix, de conditionnement, de type de point de vente, etc. ;
— l'incidence des campagnes « promotionnelles », dans le cas où on peut l'isoler de l'influence du contexte socio-publicitaire général du moment ;
— la coopération des détaillants aux efforts de promotion des ventes (mise en avant des produits et de la p.l.v., installation de dispositifs d'étalage temporaires ou permanents, etc.).

5. **Zones-test ou marchés-test.** — Avant de lancer un produit sur le plan national, l'entreprise peut le tester « en marché », c'est-à-dire en situation réelle de commercialisation. Il faut pour cela :

— *sélectionner des zones* restreintes mais néanmoins représentatives du marché national (1), aussi bien sur le plan de la démographie que sur celui de l'équipement des ménages et de la couverture par les supports publicitaires et par les divers circuits de distribution ;
— *préparer la mise en place locale du produit*, sans que cela « transpire » ailleurs car en cas d'échec, il faut le circonscrire à la zone-test ;
— *bâtir une campagne de communication publicitaire* sur les mêmes axes et thèmes que la campagne nationale future, mais diffusée localement seulement, ce qui est difficile et

(1) On s'accorde à reconnaître huit zones, en France, représentatives, en gros, du marché national. L'une d'elles, dans le Var, est choisie par exemple par la société de panels Nielsen et par la société d'études et enquêtes SOFRES, en raison de sa composition sociodémographique, de l'équipement de ses foyers, de la structure de son appareil de distribution et de la couverture par les média et supports dont elle jouit. Sur ce point, tout comme la zone du Nord-Est (« zone Télé-Luxembourg »), elle reçoit, seule en France avec la côte méditerranéenne, les émissions de Télé-Monte-Carlo : les producteurs peuvent ainsi juger de l'impact de la publicité télévisée, avant de décider d'employer la télévision nationale, qui couvre le pays tout entier.

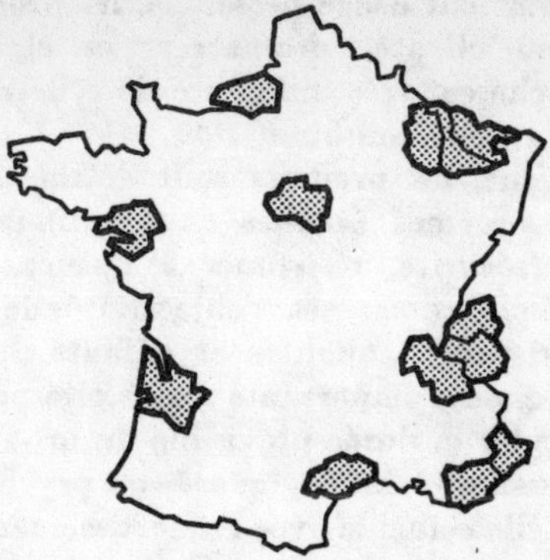

Fig. 6. — Les zones-test en France
(Source : Société de panels Nielsen)

élimine d'emblée les supports « nationaux » (quotidiens nationaux, revues et magazines, radio, télévision à programmes nationaux) ;

— *déterminer la durée prévue de l'expérience*, qui doit être suffisante pour ne pas donner lieu à des conclusions hâtives susceptibles par la suite de se révéler erronées, avec les risques que cela comporte ;

— *mettre en place un système de mesure du comportement* du produit, de la clientèle, de la concurrence, des distributeurs, à partir des résultats duquel on mettra au point la tactique à employer sur l'ensemble du territoire : une étude sélective des panélistes — consommateurs et distributeurs — de la zone choisie peut être très utile pour des biens de grande consommation, ainsi que des enquêtes à domicile ; dans le cas de ce type de produits, on peut aussi pratiquer des tests de produit, à domicile et sur le lieu de vente, et bien sûr « pousser » le produit par une campagne de promotion des ventes destinée à le faire essayer. Mais l'effort, partiel ou global, ne doit jamais être plus grand que celui qui sera consenti sur le plan national, sous peine de fausser des résultats qu'on ne retrouverait plus après.

III. — Les marchés industriels

1. Caractéristiques des marchés industriels. — Contrairement aux biens de consommation, achetés par des individus pour leur usage personnel, les produits industriels ont pour clientèle des entreprises, et la structure de leur marché est très différente de celle des marchés de biens de grande consommation.

Très souvent, les produits sont définis à partir de normes, elles-mêmes établies en fonction de besoins très précis (sécurité, résistance à l'usure...). La première conséquence en est l'objectivité de la mesure des caractéristiques, qualités et défauts des produits. Autre conséquence importante : nécessité pour le fabricant de calculer la durée prévisible du produit en fonction de son usure technologique — ou psychologique — de façon qu'elle coïncide avec l'amortissement financier. Cela nécessite un important effort de prévision technologique et de surveillance des tendances du marché, effort d'autant plus grand que les recherches sont longues et coûteuses, sans pouvoir être toujours amorties par des « économies d'échelle ».

Les études de marché sont autant une nécessité pour le producteur de biens industriels que pour celui de biens de consommation. Mais elles sont d'un type un peu différent, en raison des différences qui existent entre les deux clientèles, du processus d'achat qui diffère selon qu'il s'agit d'un particulier ou de la « chaîne de prescription » (ingénieurs, bureaux d'études, directeur financier, directeur général...) intervenant dans le choix du produit : en général, par exemple, les acheteurs et prescripteurs industriels sont informés (catalogues, fiches descriptives) et connaissent l'offre des différents concurrents.

Mais l'acheteur industriel n'est pas aussi rationnel qu'on le croit : il est en butte à des conflits d'ordre psychologique comme n'importe quel particulier. De plus, à l'acheteur *stricto sensu* se superposent, dans le processus de choix du produit et du fournisseur, d'autres « fonctions » de l'entreprise (le centre de prescription) et chacun des individus qui composent ce « centre » ont des motivations différentes et perçoivent des risques différents. De plus, les achats sont de type très différent selon qu'il s'agit de simples rassortiments sans modification, de nouveaux achats, de produits à complexité technique faible ou élevée, de produits dont le risque commercial est important ou non... (1).

(1) Cf. A. Dayan, *Le marketing industriel* (coll. « Que sais-je ? », n° 2036), PUF, 3e éd., 1991.

CHAPITRE III

CONNAISSANCE DU PRODUIT

« Lasciate ogni speranza, voi ch'entrate. »
La Comédie, l'Enfer, chant III.

I. — Le cycle de vie des produits

Les produits, les services ont une durée de vie plus ou moins longue : ils s'usent par dépassement de la technique, par lassitude de la clientèle, par le renouvellement provoqué par les producteurs eux-mêmes, comme dans le cas de la mode, par l'apparition de nouveaux besoins qu'ils ne peuvent pas satisfaire... On a pu, à partir de ces constatations, découper la vie d'un produit en cinq phases, plus ou moins longues selon le cas :

Phase 0 : elle correspond à *l'étude et à l'expérimentation de l'idée de produit* (voir les tests de produit) puis du produit lui-même ; c'est une phase coûteuse pour l'entreprise, qui investit sans être sûre que le marché suivra. Pour réduire l'incertitude, l'entreprise entreprendra en même temps une étude de marché et une étude de motivation, destinées à guider la mise au point du produit.

Phase 1, lancement et décollage : c'est une étape cruciale, qui verra la mort du produit ou son succès. La rentabilité n'est pas encore bien forte, car il faut amortir, non seulement les frais de recherche, mais encore ceux du lancement (publicité, distribution...).

Phase 2, croissance et développement : si le produit n'est pas mort en phase 1, il continue à se développer et commence à rapporter : s'il est apprécié de la clientèle, et s'il est bien géré, il contribue rapidement à l'amortissement de tous les frais qu'il a occasionnés et devient une source de profit, bien qu'il continue à coûter en soutien publicitaire ou promotionnel.

Phase 3, maturité : le produit est « installé » sur son marché, il est connu et il procure un profit plus ou moins régulier, car il est au stade le plus rentable ; l'entreprise n'a plus besoin de le faire connaître, tout au plus investira-t-elle en publicité « d'entretien » ou de notoriété... mais elle restera attentive « à l'écoute du marché », sous peine de voir cette phase de maturité, qui peut se prolonger très longtemps, se muer en :

Phase 4, saturation et déclin : les ventes restent d'abord stationnaires, puis déclinent brusquement ou petit à petit ; les raisons peuvent être multiples : la plus brutale, l'obsolescence technologique, met très vite hors course les produits dépassés (ainsi, l'apparition des transistors a-t-elle tué tous les appareils à lampes, plus lourds, plus gros, plus fragiles...) ; ou bien encore la clientèle se lasse du produit qui n'évolue pas, ou encore le besoin auquel il répondait disparaît. Cependant, on peut voir des produits proches de la saturation se « res-

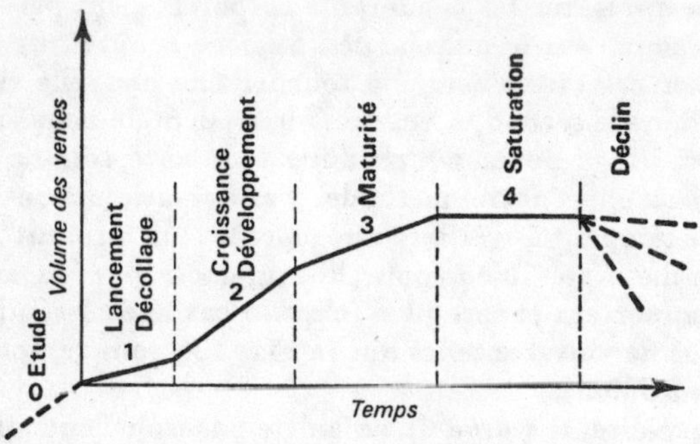

Fig. 7. — Cycle de vie du produit

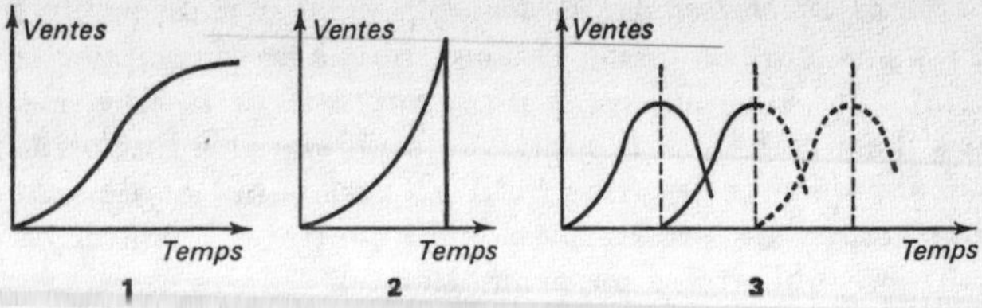

Fig. 8. — Différents cycles de vie

1. Pour les produits dont la durée de vie est très longue, la phase de maturité est prédominante (Coca-Cola).

2. Pour les gadgets, une phase très rapide de décollage-développement est suivie sans transition par une saturation-disparition très rapide.

3. Pour les produits de mode, une phase de décollage plus ou moins rapide selon les cas est suivie d'une très courte période de maturité puis d'un déclin plus ou moins rapide : souvent le produit de remplacement apparaît en même temps que s'amorce la disparition du précédent dont il est parfois la cause provoquée (comme dans le cas de la mode vestimentaire).

saisir » avant d'amorcer leur déclin ; c'est le cas lorsque l'entreprise s'adapte à temps aux changements à venir ou mieux, les anticipe, et emploie pour cela deux méthodes : la première consiste à trouver de nouvelles utilisations aux produits existants, ou à les adapter à de nouveaux segments de clientèle (la laque pour cheveux pour homme est apparue sur le marché français au début de 1973, les déodorants « intimes » ont été lancés après que les déodorants corporels aient pris une place solide sur le marché de l'hygiène-beauté : dans le premier cas on a cherché à toucher une nouvelle clientèle, dans le second, à vendre à une clientèle acquise un nouvel usage du même produit... présenté comme une nouveauté) ; l'autre méthode, l'anticipation, consiste, par exemple, à retirer du marché un produit qui « marche » très bien, pour le remplacer par un autre qui rapportera encore plus (c'est le cas avec les substitutions de voitures telles que la Fiat 126 pour remplacer la Fiat 500...).

En réalité, le « produit » n'existe pas isolément : il est la conjonction du besoin ou du désir, et de ce que la technique permet, deux éléments qui ont chacun leur propre cycle de développement. Ainsi, le besoin de se déplacer, vieux comme l'humanité, est passé par une très longue phase de gestation et de décollage, puis s'est accéléré au XIXe siècle, et encore plus dans la seconde moitié du XXe : les produits qui ont permis de le satisfaire sont, eux aussi, passés vers divers stades (en Europe, le chemin de fer semble en phase 4, l'automobile en phase 3, l'avion en phase 2, et selon l'état d'industrialisation de chaque pays, le même produit en est à une phase différente). La « technique » concerne aussi bien les matières premières que les méthodes de fabrication : les premières passent par de nombreux stades, et très souvent telle matière que l'on croyait en phase 4 retrouve une « nouvelle jeunesse » par l'utilisation nouvelle qui en est faite (le verre et son emploi dans le bâtiment — portes, murs-rideaux, isolation thermique et acoustique — les loisirs — cannes à pêche, skis, etc.) ; des techniques d'industrialisation permettant la généralisation et l'abaissement des coûts redonnent par contre-coup une impulsion à d'autres techniques et à d'autres produits pourtant en phase 4 (ainsi l'emploi des textiles synthétiques ou du béton préfabriqué a suscité l'essor — bien que limité à un segment de clientèle — de la laine, d'une part, de la pierre, d'autre part). C'est pourquoi, lorsqu'on parle du cycle de vie d'un produit ou d'un service, il convient de bien préciser s'il s'agit d'un produit, d'un modèle précis d'un produit, d'une matière première, d'un produit intermédiaire (dans le domaine industriel, par exemple) ou d'un produit fini, ou encore d'un besoin, ou de la manière technologique de satisfaire ce besoin.

II. — Produits et fonctions

Jean Baudrillart écrit dans son introduction au *Système des objets* (1) : « Peut-on classer l'immense végé-

(1) Bibliothèque Médiations, Denoël-Gonthier, 1972.

tation des objets comme une flore ou une faune, avec (...) ses mutations brusques, ses espèces en voie de disparition ? [Au XVIIIe siècle, l'homme a pu] dans l'*Encyclopédie*, donner un tableau exhaustif des objets pratiques et techniques dont il était environné. Depuis, l'équilibre est rompu : les objets quotidiens prolifèrent, les besoins se multiplient, la production en accélère la naissance et la mort (...) Peut-on espérer classer un monde d'objets qui change à vue et parvenir à un système descriptif ? » Le marketing, qui est pour beaucoup dans cette évolution rapide des objets, propose pour sa part une classification imparfaite, certes, mais néanmoins commode et facile à manier :

1. On distingue d'une part **les biens et les services** (prestations immatérielles) **de consommation, industriels :**

— Parmi les *biens et services de consommation* on trouve ceux de *consommation courante* — ou de *grande consommation* —, les biens de *deuxième nécessité* ou de *nouveauté* (dont le « besoin », surtout psychologique, est lié à la mode du moment), et les biens de *consommation durables*, comme les *biens d'équipement* du foyer, l'automobile, etc. (Selon que l'achat en est fréquent ou non, on parle de produits *banaux* ou *anomaux*.)

— Les produits et services industriels comprennent les « produits *incorporés* » (matières premières, produits semi-finis ou intermédiaires, accessoires et composants) et les « produits *autonomes* » (services, bien de consommation, biens d'équipement légers et lourds) (1).

2. **Références, articles, lignes, gammes.** — On regroupe communément les produits de façon qu'ils constituent un ensemble homogène : ainsi, une *gamme* de produits de

(1) Les services purs ne mettent en œuvre que le travail, physique ou intellectuel, de celui qui les fournit ; les services mixtes exigent l'emploi simultané d'un bien matériel. Fournis par des particuliers avocats, artisans...), des entreprises privées ou publiques (EDF, GDF, SNCF), ils s'adressent aux particuliers, aux collectivités, aux entreprises privées et publiques.

beauté (fond de teint, rouge à lèvres, vernis à ongles, ombre à paupières...), de bricolage (marteau, scie, tamponnoir, tournevis...), de mesure électrique (voltmètre, ampèremètre, ohmmètre, testeur de phase...) comprendra plusieurs *familles* ou *lignes* de produits ou encore de *déclinaisons* d'un *produit* (tournevis ordinaire, cruciforme, à lame isolée, à cliquet, etc.) ou *article* ; on appelle enfin *référence* l'article « unique » caractérisé par sa dimension, sa forme, sa couleur : la « Fourgonnette vitrée Renault 4 modèle 2105/1969 ». Les entreprises commercialisent, selon les cas, des gammes de produits très vastes... ou au contraire très restreintes (1). Les deux politiques ont leurs avantages et leurs inconvénients :

A) *La gamme « longue »* permet de faire « tirer » certains produits par les articles « locomotive », de donner au public une image de diversité et de complémentarité et toucher ainsi le plus de clientèles différentes possibles, d'avoir une meilleure faculté d'adaptation face à une évolution brutale du marché ; mais la gestion d'une telle gamme est plus lourde et plus complexe que celle d'une gamme « courte », elle nécessite une structure de vente, tout comme l'administration et de production, plus importante et complexe ; le risque existe aussi de produits invendus, ce qui revient très cher.

B) *La gamme « courte »* a pour avantage essentiel la simplicité et tout ce qui en découle : structures de production, d'administration et de vente plus « légères » ; économies d'échelle réalisées grâce aux grandes séries ; gestion des stocks facilitée ; concentration de tout le potentiel de marketing de l'entreprise sur peu de pro-

(1) La gamme comprend tous les articles ou produits de l'ensemble des lignes ; on parle de « profondeur », lorsqu'une ou plusieurs lignes contiennent de nombreux articles, de « largeur » lorsqu'il y a de nombreuses lignes ou types de produits dans une gamme. Le cas le plus célèbre de gamme restreinte est celui de Ford, refusant pendant de très longues années de fabriquer autre chose que le modèle noir de la seule Ford T ; et Volkswagen n'a-t-il pas bâti sa renommée sur la seule « Coccinelle » ? A l'opposé, Fiat développe de très nombreux modèles et les renouvelle souvent.

duits : études plus nombreuses et approfondies, meilleure connaissance et suivi des produits par la force de vente, focalisation de l'effort publicitaire et promotionnel ; les inconvénients d'une telle gamme sont à la taille de ses avantages : on ne touche, en principe, qu'une clientèle limitée... sauf si le produit s'adresse en fait au plus grand nombre (c'est le cas de la « Coccinelle VW », de Coca-cola, de « Camping-Gaz » avant l'extension de sa gamme...) ; on n'a pas de position de repli en cas d'évolution brutale du marché (mais la riposte, voire la volte-face, peuvent être facilitées par la petite dimension de la gamme) ; d'ailleurs, gamme courte ne veut pas dire gamme figée : rien n'empêche l'entreprise, et tout, au contraire, l'y incite, à surveiller en permanence le marché pour s'y adapter continuellement.

C) Tous les produits n'ont pas le même comportement. On fait, en général, la distinction entre :

1) *Produits « leaders » :* ceux qui font le succès de la firme, lui procurent la clientèle la plus large, le plus gros bénéfice ; ils sont souvent apparus en premier, comme résultat d'une innovation et ont ainsi contribué au renom de l'entreprise (moulin à légumes, autocuiseur et réchaud de camping, pour Moulinex, Seb, Camping-Gaz) ;

2) *Produits locomotive :* ceux qui « tirent » derrière eux les autres produits de la firme, en contribuant à son image de marque favorable : ce sont souvent les produits leaders ;

3) *Produits tactiques :* appelés aussi produits de *soutien* ou de *complément*, ils servent à compléter les gammes pour qu'on n'aille pas chercher chez les concurrents des produits « manquants » ; ils sont, selon le cas, rentables car vendus avec une marge suffisante à un segment de clientèle suffisamment grand, ou rentables bien que vendus en petite quantité, parce qu'ils évitent à la clientèle la mauvaise impression que produiraient des « trous » dans la gamme ;

4) *Produits d'appel :* ce sont ceux qui attirent la clientèle, en raison le plus souvent de leur bas prix, comme dans les grandes surfaces de vente où les produits de très grande consommation (huile, sucre...) sont vendus pratiquement à perte,

afin que le client assimile ces prix très bas à ceux de l'ensemble de l'assortiment du magasin ; leur prix peut être au contraire très élevé et ces produits n'être que « de prestige » et en réalité coûteux pour la firme, mais ils sont importants pour son image de marque (ainsi la Citroën SM Maserati). Tous ces produits sont dans la phase 2 ou 3 (croissance et maturité) de leur cycle de vie. On en trouve aussi en phase 1 et 4 ;

5) *Produits sur la ligne de départ :* l'entreprise sait que certains produits sont condamnés à plus ou moins brève échéance ; elle s'adaptera au marché en remplaçant chaque produit dès sa mort, ou anticipera en le faisant disparaître rapidement, pour le remplacer avant la concurrence ; parmi ces produits, certains peuvent n'être encore que des projets plus ou moins avancés attendant le moment favorable pour apparaître sur le marché.

6) *Produits en perte de vitesse* : « regonflables » (bien qu'en phase de saturation, un effort suffisant de marketing peut leur donner un sursis) ; « remodelables » (il faut, pour qu'ils continuent à vivre, les transformer un peu ou beaucoup selon le cas, éventuellement en faire « un nouveau produit ») ; « essouflés » (produits suiveurs de moins en moins rentables) ; « condamnés », à plus ou moins long terme, parce que définitivement « inadaptés » (1).

III. — L'analyse de la valeur

L'entreprise ne vend pas des « produits » : elle vend des « symboles » et des réponses aux besoins du marché, des « fonctions ». Ainsi, une montre peut être un objet de luxe dont le propriétaire ne se sert pas tant pour savoir l'heure que pour en montrer la marque et exhiber le symbole qu'elle véhicule (une montre de chez Cartier, à Paris, avec un remontoir en saphir) ; une montre peut aussi être un objet dont la fonction est de donner l'heure, tout simplement, et si banal qu'on le trouve partout, même dans les bureaux de tabac, si bon marché qu'on peut en posséder plusieurs (« Vous vous changez ? Changez de Kelton ! » est un des meilleurs et plus justes slogans de l'histoire de la publicité). De même un briquet

(1) Cf. G. Serraf, *Marketing et stratégie des produits*, Publi-Union, 1974.

peut être un objet de luxe avant tout, ou tout simplement quelque chose qui donne du feu, comme le « Criquet », que l'on jette une fois la réserve de gaz épuisée...

Kelton et Criquet sont le résultat d'une démarche d'*analyse de la valeur fonctionnelle* : « Recherche et étude de la relation entre ce que coûte un produit stabilisé fabriqué en série ou répétitif et ce que la fonction qu'il doit remplir — et non la fonction qu'il remplit — devrait coûter, cela sans que la qualité et les performances du produit examiné soient altérées, tout en lui conservant ses facultés d'interchangeabilité » (1). Le but de l'analyse de la valeur fonctionnelle (a.v.f.) est donc de ramener les coûts d'élaboration au minimum en se fondant uniquement sur la fonction. Cela implique avant tout que l'entreprise accepte de mettre en cause systématiquement et en permanence tout ce qu'elle produit, qu'elle raisonne en termes non plus de produit mais de marché, c'est-à-dire qu'elle adopte une démarche de marketing : c'est d'autant moins facile qu'il ne suffit pas que la direction générale en prenne la décision, car tous ceux, sans exception, qui exercent une influence sur la fonction ou le coût sont concernés.

L'entreprise, même si elle dispose de services techniques qualifiés, n'est pas toujours armée pour effectuer ce genre d'analyse ; des cabinets extérieurs peuvent l'y aider, comme par exemple lorsqu'il s'agit d'études de marché, avec d'autant plus de chances de succès qu'ils voient le problème avec « un œil neuf », n'étant pas « dans » le produit comme ceux qui l'ont conçu ou le fabriquent.

Bien appliquée et correctement programmée dans le plan de marketing l'a.v.f. peut procurer à l'entreprise de substantielles réductions de coûts, voire de nouveaux segments de marché, lorsque l'analyse conduit à la création de produits nouveaux ou modifiés susceptibles

(1) R. Frouin, L'analyse de la valeur fonctionnelle, *Travail et Méthodes*, décembre 1973. Cf. également : Cl. Jouineau, *L'analyse de la valeur*, EME, 5e éd., 1982.

d'intéresser d'autres clientèles que celles qui étaient visées auparavant.

IV. — L'image du produit

L'image d'un produit, d'une marque, d'une firme, est l'idée que l'on en a, et elle n'est pas la même pour tout le monde. Mais quoique différente, il est vital pour l'entreprise qu'elle soit favorable. Il est non moins vital de savoir quelle image perçoivent les différents segments de clientèle et même les non-consommateurs, même absolus, ainsi que les prescripteurs et les distributeurs, car l'image a une caractéristique essentielle, elle *déteint* : ceux qui ne connaissent pas personnellement le produit ou n'en ont pas encore une image sont influencés par l'image qu'en a leur environnement. Elle produit aussi un effet dit « de halo » : une de ses composantes peut être perçue si fortement, en bien comme en mal, que l'ensemble de la perception est orienté dans le même sens.

Il ne suffit d'ailleurs pas de connaître l'image qu'ont les divers publics d'un produit à un moment donné : cette image en effet évolue avec le temps, se transforme, et de positive qu'elle était peut devenir négative pour un autre segment nouveau de clientèle.

L'entreprise doit donc périodiquement faire le point sur cette image ; elle cherchera à connaître, par des enquêtes appropriées (quantitatives, qualitatives, motivationnelles) : l'attractivité, le degré de confiance, de fidélité, l'estimation du rapport qualité-prix, le degré de satisfaction « en général », etc., de même que ses caractéristiques dynamiques (jeune, vieillie), morales (sérieux, qualité), sociales (distinction, banalité), symboliques (quel genre de personnes utilisent ce produit).

L'action publicitaire peut avoir pour objet de développer l'image favorable d'un nouveau produit, aussi bien que de redresser une image défaillante.

V. — La notoriété du produit

La connaissance qu'a le public d'un produit est une notion que l'on peut relier à celle d'image : l'une ne doit pas aller sans l'autre, il faut que l'image soit bonne et que cela soit perçu partout et par tous.

On distingue plusieurs niveaux de notoriété : « La disposition du consommateur à l'égard d'une marque varie, par nuances, de l'ignorance totale à l'exigence absolue, en passant par la reconnaissance du produit et par la préférence » (1). On distingue aussi notoriété spontanée (quelles marques de chocolat connaissez-vous ?) et notoriété assistée (lesquelles parmi ces marques connaissez-vous ?), cette dernière étant fortement sujette à caution...

L'entreprise s'efforce donc, non seulement de se faire connaître favorablement, mais de se faire connaître suffisamment. Cela est d'autant plus important que dans de nombreux cas, si la notoriété d'un produit ou d'une firme dépasse un certain seuil, le marché a tendance à se « fermer » : en effet, c'est le conformisme et le moindre effort qui guident le plus souvent les achats — comme ils guident le reste du comportement de l'homme, d'ailleurs — de sorte qu'un très petit nombre de marques, deux ou trois, peuvent empêcher le développement de toutes les autres, moins connues (2).

Ici, c'est à la publicité qu'est dévolu le rôle d'accroître le niveau de notoriété. Et ce n'est pas seulement indispensable en matière de biens de consommation courante : dans le domaine industriel également, « acheter connu » sécurise.

VI. — Les tests de produits

L'entreprise n'est assurée de vivre que si elle s'adapte constamment aux données du marché. Or les marchés, dans les sociétés industrielles, sont de plus en plus changeants : apparition de nouvelles matières, de nou-

(1) Biscayart, *Vendre. Marketing*, Dunod, 1968.

(2) Cf. les études faites par R. Muraz et Publimétrie sur le rapport « Utilisation-notoriété », et l'étude sur les eaux minérales de Publimétrie en 1968.

veaux procédés de fabrication, de nouvelles utilisations pour des produits anciens, rejet de produits ou d'usages pratiqués jusqu'alors, absolescence due aux phénomènes de mode, etc. L'esprit de marketing est orienté vers cette adaptation constante à des conditions changeantes : non pas en répondant « après coup » aux sollicitations du marché ou aux assauts de la concurrence, mais en *anticipant le changement* pour y coller de la façon la plus étroite possible. La mise au point d'un produit nouveau est souvent très longue, et les délais de réponse de la concurrence permettent à ceux qui ont su prévoir — ou oser — de se placer avantageusement sur le marché. C'est pourquoi l'entreprise doit constamment être en situation de surveillance, non seulement des initiatives des concurrents, mais de « l'air du temps », pour sentir les moindres amorces de changement... et y faire face rapidement.

C'est de cela, entre autres choses, que s'occupe la « recherche » en marketing, et parmi ses divers instruments, les *tests de produits* au sens large sont, en matière de biens de consommation courante (aliments, produits de toilette, d'entretien de la maison...), d'une utilité incontestable.

Ces tests ne s'appliquent d'ailleurs pas qu'à des produits existants : les idées de produit doivent également être testées avant de se lancer dans une réalisation, même partielle, dont l'échec peut être très coûteux. Pour les produits existants, il peut s'agir de modifications que l'entreprise veut apporter à ceux qu'elle commercialise pour les « rajeunir » ou les adapter à des utilisations nouvelles ; il peut s'agir d'un produit nouveau lancé par un concurrent, ou d'un produit nouveau que l'entreprise désire mettre sur le marché ; il s'agira aussi, et ce n'est pas là le cas le moins important, des produits non modifiés à propos desquels la firme veut savoir comment ils continuent à être perçus par les utilisateurs (en sont-ils toujours satisfaits, n'ont-ils pas changé pour un autre concurrent ?...).

Dans le cas de produits nouveaux ou de modifications, ne serait-ce que de conditionnement, apportées à des produits existants, on cherche à savoir quel est le modèle ou la variante préférés, et pourquoi, ce qu'on n'a pas aimé, ce qu'on pense du prix, de la facilité d'utilisation, comment le produit se compare à ses concurrents, s'il faut sortir un produit nouveau en réponse à l'offensive d'un concurrent, ou s'il suffit de modifier un produit existant...

Chapitre IV

CONNAISSANCE DE L'ENVIRONNEMENT

« Mirages, fit Zénon. Il en est de vos âges d'or comme de Damas et de Constantinople qui sont belles à distance ; il faut marcher dans leurs rues pour voir leurs lépreux et leurs chiens crevés. Votre Plutarque m'apprend qu'Héphestion s'entêtait à manger les jours de diète comme le premier égrotant venu, et qu'Alexandre buvait comme un soudard d'Allemagne. Peu de bipèdes depuis Adam ont mérité le nom d'homme. »

I. — La distribution

La connaissance du marché passe aussi par celle des « filières d'écoulement » des produits. « Producteurs et utilisateurs sont séparés par la distance, l'ignorance de leurs moyens et besoins respectifs, la disproportion entre les quantités produites par l'un et celles dont l'autre a besoin. La *distribution*, phase intermédiaire essentielle entre la fonction de production et celle de consommation ou utilisation, met les biens et les services à la disposition de l'utilisateur dans les conditions de lieu, de temps, de taille, etc., qui conviennent à celui-ci : c'est l'ensemble des activités qui s'exercent depuis le moment où le produit, sous sa forme d'utilisation, entre dans le magasin commercial du producteur ou du dernier transformateur, jusqu'au moment où le consommateur en prend livraison » (1).

Qu'il s'agisse de biens de consommation courante, de

(1) A. Dayan, *Manuel de la distribution*, PUF, coll. « Gestion », 1992.

produits agricoles ou industriels, ou encore de services, la distribution est dans la très grande majorité des cas un intermédiaire obligatoire (1). On fait la distinction entre méthodes de vente et formes de distribution.

1. **Les méthodes de vente.** — La vente traditionnelle en magasin, la vente en libre-service, la vente par correspondance, par distributeurs automatiques, à domicile, sur les marchés... s'appliquent aux biens de consommation, alimentaires et non alimentaires ; la vente directe par représentants concerne les produits industriels, ainsi que la vente aux particuliers de biens chers et durables (encyclopédies).

2. **Les formes de distribution.** — Deux grandes formes coexistent :

A) *Le commerce indépendant isolé*, de gros et de détail, en perte de vitesse dans les pays industrialisés — sous la poussée du commerce concentré — caractérisé par la petite dimension de l'entreprise, presque toujours familiale, le manque de formation du commerçant-propriétaire, les prix plus élevés que dans les autres formes de commerce, la mauvaise gestion du point de vente... et l'absence de liens commerciaux ou financiers avec d'autres commerçants.

B) *Le commerce concentré*, lui-même divisé en :

— *commerce associé* (2) : groupements d'achat de grossistes, groupements d'achat de détaillants,

(1) On distingue : *la fonction de gros* (grossistes et semi-grossistes achètent et stockent en grosses quantités ; en étalant leurs commandes, ils contribuent à régulariser le rythme des fabrications) et la *fonction de détail* (qui offre à l'acheteur son omniprésence).

(2) Il s'agit de distributeurs indépendants, de gros ou de détail, qui se groupent pour acheter ensemble et obtenir ainsi de meilleurs prix, ainsi que pour créer un organisme commun d'assistance commerciale, financière, publi-promotionnelle, de formation à la gestion, à la vente, etc. Pour une présentation synthétique de l'évolution de la distribution française depuis une dizaine d'années (concentrations, conglodistribution, essaimage à l'étranger, maxi-supermarchés, mini-hypermarchés, discount de proximité, hard-discounters, transfert électronique de fonds, scannérisation — codes à barres — des produits, utilisation de modèles informatisés de gestion du linéaire...), voir A. Dayan, *Manuel de la distribution*, *op. cit.*

chaînes volontaires (1), magasins collectifs d'indépendants (2) ;

— *commerce intégré* (3) *de forme capitaliste* : entreprises à succursales multiples, grands magasins, magasins populaires (4), réseaux de distribution de producteurs (5) ;

— *commerce intégré de forme coopérative* : coopératives de consommation (les COOP) et coopératives d'entreprise et d'administration ;

— *grand commerce indépendant* (6), créateur de grandes surfaces de vente en « discount ».

C) Mais n'importe quelle forme de distribution peut adopter n'importe quelle méthode de vente — plusieurs coexistent dans les grands magasins — et on trouve des formes « mixtes » difficiles à classer :

— *les réseaux de concession*, où des distributeurs liés par contrat à un producteur sont « exclusifs » ou non ; mais

(1) Plusieurs grossistes, « têtes de chaîne », se groupent entre eux et groupent autour d'eux des détaillants, organisant ainsi la coordination des fonctions de gros et de détail, chaque adhérent gardant son indépendance juridique. La chaîne la plus connue en Europe est SPAR, à l'enseigne du sapin vert, créée aux Pays-Bas, et réunissant plus de 30 000 adhérents, dont une petite partie en Afrique du Sud.

(2) Née en Suède en 1968, cette formule est caractérisée par la réunion sous un même toit d'au moins cinq entreprises indépendantes commerciales, artisanales et de services, logées « à la même enseigne », c'est-à-dire sous le même nom « collectif extérieur » (K Store à Grenoble, La Flèche à Beauvais).

(3) « Intégré » parce que les fonctions de gros et de détail appartiennent à la même firme, qui possèdent à la fois les points de vente au détail et l'entreprise d'achat en gros, ou « centrale d'achat ». Les grosses centrales ou super-centrales sont si puissantes, par l'importance de leurs commandes, qu'elles dictent leurs conditions aux producteurs qui n'ont pas eux-mêmes une puissance suffisante (en termes de nombre et de diversification de leur clientèle).

(4) Grands magasins : Galeries Lafayette, Le Printemps... Magasins populaires : Prisunic, Monoprix, Uniprix...

(5) Vente directe à domicile par l'intermédiaire de représentants du producteur, et vente par correspondance par celui-ci de ses produits : Singer, Electrolux, dans le premier cas, produits alimentaires de luxe comme les conserves « du Barry » dans le second.

(6) On appelle ainsi des commerçants indépendants mais pas du tout isolés : ils ont au contraire des moyens financiers qui leur permettent de créer des « hypermarchés » (surfaces de vente de plus de 2 500 m²), où ils pratiquent la *vente de masse* de produits de consommation en libre-service et en discount. Les hypermarchés appartiennent aussi maintenant, en raison de leur très grand succès, à toutes les formes de distribution : maisons à succursales multiples, grands magasins, coopératives de consommation, etc.

dans les deux cas, ils concernent des produits en général anomaux, de prix élevé, parfois d'une grande technicité, nécessitant un service après vente qualifié (orfèvrerie, vêtements de luxe, matériel de « haute fidélité »..., et même produits d'hygiène et de beauté vendus « exclusivement » en pharmacie) ;

— *les accords de franchise :* il s'agit d'un contrat entre un « franchiseur » — commerçant possédant une enseigne connue et appréciée (Carrefour, Prénatal, Lévitan...) et des techniques de commercialisation (assortiment, gestion, publicité...) qui ont contribué à son renom — qui vend le droit d'utiliser son enseigne et ses techniques à un « franchisé », commerçant qui en bénéficie, moyennant le paiement d'un pourcentage (3 à 5 %) de son chiffre d'affaires annuel et l'obligation de suivre les indications du franchiseur afin de conserver l'unité d'image de l'enseigne. C'est là une formule qui connaît une grande faveur dans plusieurs secteurs (alimentation, habillement, ameublement...).

3. **Circuits de distribution des biens de consommation.** — Toutes les méthodes de vente et toutes les formes de distribution sont utilisées, qu'il s'agisse de produits de grande consommation, de biens anomaux, de biens durables ou semi-durables, écoulés à travers des circuits : direct (producteur-consommateur), court (producteur-distributeur-consommateur) ou long (producteur-grossiste-négociant-détaillant-consommateur).

4. **Circuits de distribution de produits agricoles** (1). — La distribution implique des manipulations de toutes sortes, liées à la fragilité des produits et au fait que des centaines de milliers de producteurs doivent approvisionner des centaines de milliers de points de vente : le ramassage est long et coûteux, la conservation nécessite parfois des locaux spéciaux (température, hygrométrie) et le transport parfois des véhicules spéciaux ; le stockage intervient aussi : « technique » (pour le mûrissement des fruits), « saisonnier » (beurre de printemps mis en réserve pour l'hiver), « régulateur » (fruits et légumes en attente d'une stabilisation des prix), de « report » lorsque les produits sont excédentaires (lait, vin blé).

Pour toutes ces raisons, les étapes sont nombreuses par

(1) Cf. les travaux du Centre technique interprofessionnel des fruits et légumes, 22, rue Bergère, Paris (9e).

lesquelles passent les denrées agricoles avant d'arriver sur la table du consommateur :

— petits producteurs isolés, gros producteurs-expéditeurs, producteurs groupés en coopératives ;
— ramasseurs, grossistes-négociants-expéditeurs sur les marchés de production, courtiers achetant pour le compte de négociants éloignés ;
— grossistes en marché de consommation, centrales d'achat du commerce intégré ;
— détaillants, et dans certains cas, semi-grossistes auparavant.

5. **Circuits de distribution des produits industriels.** — Les biens très importants et très chers (équipement lourd) se traitent en vente directe, par négociation entre le producteur et l'acheteur, par l'intermédiaire de « technico-commerciaux » (représentants, ingénieurs...). Les autres produits passent par des intermédiaires souvent indépendants du fournisseur-producteur : négociants-distributeurs, commissionnaires en fournitures industrielles approvisionnant aussi bien les utilisateurs industriels, fabricants ou professionnels (artisans, réparateurs) que les détaillants spécialisés (quincailliers). Ces grossistes interindustriels ou « enclavés » sont très utiles pour la distribution aux professionnels d'articles dont la demande est très atomisée : composants, pièces détachées, petit outillage... « L'entreprise peut vouloir maîtriser (...) les circuits de distribution en les intégrant plus ou moins. L'intégration totale n'est cependant réalisable qu'au niveau du circuit direct ou des distributeurs [succursales] ; pour les marchés très dispersés, il est indispensable de sous-traiter une partie de la distribution aux revendeurs et installateurs (1). Par contre, le producteur peut adopter des systèmes mixtes faisant intervenir le circuit direct pour les clients très importants ou pour les livraisons OME

(1) Les installateurs professionnels, qui aménagent (en équipement électrique, chauffage central, plomberie, isolation) bureaux, ateliers, bâtiments, se fournissent — selon le matériel et l'importance de leurs commandes — soit chez le producteur, soit chez un distributeur.

(*Original Equipment Manufacturers* ou incorporateurs), les distributeurs [intégrés ou indépendants] auprès des entreprises moyennes, et les revendeurs pour la petite clientèle dispersée » (1).

6. **Circuits de distribution des services.** — Prestations immatérielles, les services distribués aux particuliers sont des services de consommation, empruntant un circuit court, direct ou semi-direct et de nombreuses méthodes de vente (en magasin, à domicile, par correspondance, par téléphone...). Les services distribués aux entreprises sont des services de production distribués en circuit court également (électricité, carburants, conseils en organisation, traitement de l'information, engineering...).

7. **Coût de la distribution.** — La commercialisation des biens entraîne des frais, ou charges, ou coûts, qu'il est très important de connaître, afin de les réduire. Le prix de vente d'un produit comprend, en plus de son prix de revient, ou coût de production, les coûts partiels qui s'ajoutent à chaque étape de la commercialisation : charges, bénéfices, taxes.

A) Les *charges* sont d'une part *fixes ou de structure :* patente, prime d'assurance, amortissement des installations, taux d'intérêt du capital investi, entretien, chauffage, éclairage, frais de personnel autre que celui de la vente... indépendantes du volume d'activité.

B) Les *charges* sont d'autre part *variables ou opérationnelles*, liées directement au volume d'activité : charges relatives aux activités techniques internes (manutention, stockage, transport, emballage), aux activités externes (transport et primes d'assurances, publicité sous toutes ses formes, frais de personnel de la force de vente), à la démarque, connue et volontaire (soldes, rabais) et inconnue et involontaire (vol, perte, casse...).

C) La *marge brute* (prix de vente au public diminué du coût d'achat payé par le distributeur) doit couvrir l'ensemble des

(1) Louis Perruche, *La vente des produits industriels*, PUF-Formation (1974).

coûts du distributeur ainsi que lui permettre de réaliser un bénéfice : la *marge nette*, ou marge brute moins frais d'exploitation (1).

D) La *t.v.a. (taxe à la valeur ajoutée)* est, dans les pays qui l'appliquent, un impôt indirect frappant le consommateur final d'un produit. Dû chaque fois que le bien est l'objet d'une transaction, c'est un important élément du coût de la distribution (2) : en France, par exemple, les enregistrements musicaux (disques, cassettes, bandes magnétiques) sont considérés comme des produits de luxe et supportent une t.v.a. maximale !

II. — La concurrence

Connaître son environnement concurrentiel est aussi important, pour l'entreprise qui applique une véritable démarche de marketing, que se connaître soi-même. Que l'on soit gros ou petit, il faut toujours compter avec l'existence de cette concurrence qui est à l'affût de la moindre faille pour augmenter sa part de marché, lancer son nouveau produit, etc. Aussi faut-il dresser la liste de tous les éléments qu'il est indispensable de connaître pour y trouver une parade, ou mieux encore, pour anti-

(1) Les marges sont l'un des points sensibles de la distribution, toujours accusées de renchérir le prix des produits ; elles varient avec la nature du produit, la forme de distribution, la méthode de vente, et le stade de distribution, gros ou détail. Alors que les centrales d'achat prélèvent des marges brutes de 2 à 6 %, les grossistes indépendants appliquent couramment 10 à 18 % du chiffre d'affaires. Au stade de détail, la variation des marges brutes est très large, allant de 1 à 12 % pour les produits alimentaires « prévendus » par la publicité (hypermarchés) à 25 % pour la viande bovine chez les bouchers, 40 à 60 % pour le mobilier, et 100, 200, ou 300 % pour l'habillement dans les boutiques de mode.

(2) Calculé sur la différence de prix entre le stade de l'achat et celui de la revente du bien (sur la « valeur brute » qui lui est ajoutée), il est proportionnel aux charges de distribution et à la marge nette de chaque intermédiaire. Chacun de ceux-ci verse à l'Etat l'impôt (t.v.a.) correspondant à la « valeur » qu'il a ajoutée, et en incluant cette somme (l'impôt), dans le prix de vente, il la fait payer à l'utilisateur, tout en déduisant des t.v.a. encaissées pour le compte de l'Etat (celles que payent les consommateurs), celles qu'il a lui-même payées en amont, en achetant le produit. C'est ainsi que l'acheteur final supporte la totalité des t.v.a. successives, tout comme les « vrais coûts » de la commercialisation et les bénéfices successifs de chaque intermédiaire.

ciper en se plaçant le premier chaque fois que c'est possible. Par exemple :

- **quel est le nombre de concurrents directs, qui sont-ils, quelle est leur part du marché total du produit ?**
- **sur quoi ou sur qui s'appuient-ils, quels sont leurs liens commerciaux, et financiers, voire leurs rapports avec les collectivités locales, la puissance publique ?**
- **quelle est leur capacité de production, leur souplesse de diversification en cas de nécessité ?**
- **exportent-ils ? où ? quoi ? combien ? à quels prix et à quelles conditions ?**
- **commercialisent-ils toute leur production sous leur propre marque ou fabriquent-ils une partie pour d'autres, ou encore sous-traitent-ils une partie de leur production finale ? Si oui, auprès de qui, et dans quelles conditions ?**
- **quelle est la valeur de leur force de vente propre ? comment est-elle rémunérée ?**
- **par quels circuits distribuent-ils ? quelles conditions particulières font-ils aux grossistes, aux détaillants (délais de paiement, marges, remises) ?**
- **quelle est leur politique de communication (publicité générale, promotion des ventes, p.l.v., relations publiques) ?**
- **quel est leur dynamisme, leur agressivité commerciale, quelles ont été leurs initiatives ?**
- **quel est l'historique de leurs produits, de leur succès, de leurs échecs ?**
- **quel est leur potentiel de recherche (technologique ou commerciale) ? lancent-ils des produits nouveaux ou suivent-ils le mouvement ?**
- **quelle est leur politique de prix (écrémage, pénétration par la base, etc.) ?**
- **comment est perçu le rapport qualité-prix de leurs produits ? le service après vente est-il satisfaisant ?**
- **les produits concurrents offrent-ils objectivement des « plus » ou des « moins » par rapport à ceux de**

l'entreprise ? lesquels ? l'utilisateur-consommateur le perçoit-il clairement ?
— quelle est l'image de marque des firmes et des produits (sérieux, qualité, robustesse, fiabilité, performances, finition, emballage...)?
— quelle est la dimension des gammes de produits (quantitative et qualitative) ?
— quelle est leur clientèle, son pouvoir d'achat, sa répartition géographique ?
— quelles sont les raisons d'achat (ou les freins) des produits concurrents (prix, service, qualité — et dans le cas des biens industriels : délais de livraison, conditions de paiement, suivi de la qualité, accords de réciprocité, politique de groupe — image de la firme, etc.) ?

La concurrence n'est pas seulement directe, elle est aussi de substitution. Que ce soit pour des raisons de prix, de commodité, de mode, ou encore technologiques, la clientèle peut se tourner vers d'autres produits : plastique à la place du verre et du métal, par exemple. L'entreprise doit donc s'efforcer de déceler tous les substituts possibles à ses produits et en étudier ensuite les fournisseurs avec la même minutie que ses concurrents directs, car ils sont, potentiellement, tout aussi dangereux.

III. — L'environnement réglementaire

La connaissance de l'environnement législatif est primordiale pour la firme, et non seulement à l'exportation ; le législateur est en effet conduit à intervenir de plus en plus en raison de la complexité croissante de la vie économique et de la nécessité accrue de protéger les uns et les autres.

C'est ainsi que la méconnaissance de lois nouvelles toujours plus nombreuses dans la plupart des pays industrialisés conduirait l'entreprise à de nombreux déboires.

Parmi toutes ces lois, les plus importantes ont trait :

— à la concurrence déloyale, à la discrimination dans les transactions commerciales entre professionnels (interdiction du refus de vente (1), par exemple) ;
— à la publicité mensongère ou trompeuse (sévèrement réprimée dans certains pays, comme la Suède ou les Etats-Unis) ;
— à l'étiquetage des denrées alimentaires (tous les composants et leurs proportions doivent figurer sur les emballages) ;
— aux prix d'appel (pour éviter que les clients fassent les frais de la baisse artificielle de certains produits, destinée à l'attirer et à masquer les prix élevés des autres produits : ce que B. Trujillo, spécialiste américain de la vente dans les grandes surfaces appelle « un îlot de pertes dans un océan de profit ») ;
— aux primes dont use et abuse la promotion des ventes, obtenant ainsi souvent que le client achète non pour le produit mais pour la prime ;
— aux normes minimales de qualité, de sécurité, etc., que doivent respecter de nombreux produits (2).

La montée du *consumérisme* dans les pays industrialisés, conséquence des abus des producteurs et des distributeurs pendant de trop nombreuses années, est aussi une raison de vigilance accrue de la part des entreprises, que la loi oblige désormais à plus de prudence.

(1) En France, « Circulaire Fontanet » du 31 mars 1960, interdisant le refus de vente ; loi du 27 décembre 1973, sur la publicité trompeuse ; décret du 12 octobre 1972, sur l'étiquetage alimentaire ; circulaire du 30 mai 1970, sur les prix d'appel ; ordonnance du 1er décembre 1986 et décret d'application du 29 décembre 1986 relatifs aux ventes et prestations de services avec primes.

(2) La loi du 21 juillet 1983 pose le principe d'une obligation générale de sécurité.

Chapitre V

ACTION SUR LE MARCHÉ

> « Bientôt toutes les filles à portée d'oreille en font autant, les presses s'abattent à la volée, des cathédrales de cristal de roche foncent droit en l'air et puis s'éparpillent en poussière d'arc-en-ciel, la fontaine court sur les cailloux, le bataillon console Marjolaine la digue dondaine, une louve au loin dans la steppe hurle son hurlement... On commence à se sentir vraiment en famille, dans notre coin. »

A la connaissance doit succéder l'action. Forte des informations obtenues sur les différents segments de clientèle, les circuits de distribution, la concurrence, sans oublier ses produits et leur environnement, l'entreprise va agir pour vendre au mieux sa production ou ses services et maximiser à court, moyen ou long terme son profit.

Mais avant même d'agir sur les clientèles potentielles par la publicité sous toutes ses formes, le merchandising, le conditionnement et le nom des produits, la détermination du prix de vente, etc., l'entreprise doit agir sur ses propres personnels et sur les distributeurs.

— *A l'intérieur de l'entreprise*, il faut informer le *personnel administratif* de la voie dans laquelle s'engage la firme, de ses objectifs, et des moyens choisis pour les atteindre ; il faut informer les *services de production*, parce qu'on risque de leur demander des choses peu justifiables sur le plan purement technique, mais indispensables du point de vue de l'action de marketing, et dont l'entreprise tout entière bénéficiera. Il faut, en un mot, motiver même ces personnels qui ne sont pas « commerciaux ».

— *A l'intérieur* toujours de l'entreprise, il faut former, informer, animer, motiver le *personnel commercial*, en particulier la *force de vente* en contact avec la clientèle : des gens du « terrain » dépend aussi le succès ou l'échec de la politique commerciale.

— *A l'extérieur de l'entreprise*, il faut informer, motiver — voire former, dans le cas de produits à technologie complexe — les *distributeurs*, grossistes et détaillants, agents de fabrique, installateurs... En effet, le produit échappe en grande partie au producteur, une fois sorti de l'usine, et son sort est en partie entre les mains des revendeurs.

I. — Choix du système de distribution

Pour choisir le circuit le mieux adapté à la commercialisation des produits nouveaux, comme pour surveiller en permanence leur adéquation au couple marché-produit existant, le producteur doit tenir compte avant tout de *contraintes* telles que :

1) *Le type de produit :* de grande consommation, de luxe, alimentaire ou non...

2) *Le type de clientèle* visée : de masse, de luxe, répartie sur tout le territoire, localisée dans certaines zones..., et le nombre de clients potentiels.

3) *Les contraintes légales :* interdiction du refus de vente, des pratiques discriminatoires vis-à-vis d'une catégorie de distributeurs...

4) *Les usages* en vigueur chez les distributeurs du produit : tarification, remises, marges bénéficiaires, délais de paiement...

5) *Sa propre puissance :* s'il veut « voler de ses propres ailes », c'est-à-dire distribuer lui-même au détaillant sans passer par les grossistes, cela nécessite d'investir en infrastructures (dépôts, stocks, transport), ce qui

coûte très cher ; les entreprises de taille modeste ou même moyenne le peuvent difficilement.

6) *La puissance de certains distributeurs :* en matière de produits de grande consommation, les centrales d'achat et les « grands indépendants » exploitant des hypermarchés sont très puissants et en mesure de dicter leurs propres conditions à une grande partie des producteurs ; ceux-ci peuvent aussi être pris entre deux feux, ceux de circuits concurrents (grandes surfaces et petits détaillants groupés, par exemple) voulant chacun imposer son exclusivité et sommant le producteur de choisir !

1. **Les critères de choix**, délicats à hiérarchiser, peuvent être :

a) Le nombre et la répartition géographique des points de vente ;

b) Le type de clientèle qui les fréquente ;

c) La rentabilité escomptée du circuit (on mettra en parallèle le coût de distribution des circuits susceptibles de convenir avec le chiffre d'affaires et le bénéfice prévisibles) ;

d) Le degré d'indépendance ou de collaboration des distributeurs vis-à-vis de la politique commerciale du producteur (mise en place de la p.l.v., accueil des démonstrateurs, animateurs de vente, acceptation dans le magasin de « merchandisers » du fabricant), etc. ;

e) L'image du distributeur : pendant longtemps, des fabricants de produits d'hygiène, de toilette, de beauté, n'ont accepté d'être distribués que par le canal des magasins spécialisés (parfois distributeurs exclusifs) et des pharmacies, à l'exclusion des magasins populaires et des « grandes surfaces »... Cela a en partie changé, grâce au potentiel de vente de ce type de magasins et à l'audace de certains... (1).

(1) A Zurich, l'hypermarché Denner a voulu passer outre au boycott des grandes marques de parfums, et lance depuis 1968 plusieurs « opérations parfum » pendant l'année. La plus importante a lieu à Noël : les prix des marques (Dior, Lanvin, Channel, Rochas, Grès, etc.) sont rabaissés de 25 à 45 %, ce qui, pour des parfums de luxe, est déjà une innovation. Mais plus original encore, au point d'être « révolutionnaire », ces parfums ne sont pas présentés sur des étagères, mais en vrac, pêle-mêle et toutes marques confondues dans de grandes corbeilles métalliques posées à même le sol au milieu des allées, comme de vulgaires soldes de chiffons. Le succès a été si grand qu'il a fallu limiter les achats à deux flacons par personne : 200 000 clients ont acheté, à Noël 71, ces parfums à l'emballage un peu « bousculé » mais au prix plus qu'intéressant... au point que des revendeurs eux-mêmes venaient s'approvisionner !

2. Réduction des coûts de distribution. — L'action sur la distribution passe aussi par la réduction de ses coûts. Mais peut-on les réduire sans réduire le service rendu ? « D'une manière globale, on pourrait obtenir les coûts les plus bas en proportionnant les moyens aux fins poursuivies, c'est-à-dire en adoptant la forme de distribution la plus efficace compte tenu des caractéristiques (1) du produit et du marché. Mais au niveau de chaque distributeur, le problème est de comprimer au maximum tous les frais qui peuvent l'être sans que le résultat final, l'offre du produit, en souffre » (2).

— *La main-d'œuvre* est un des postes les plus lourds du coût de la distribution, 50 à 65 % du total : la mécanisation et la rationalisation des manutentions peuvent contribuer à abaisser ce coût (3) ;

— *Le transport* peut être une source très importante de coût dans certains cas : 8 % pour des produits chimiques, 10 % pour des produits de papeterie, 12 % pour les fromages frais... (4). Une des solutions a été l'invention des *cash and carry* (« payez comptant et emportez »), magasins de gros en libre-service, où les détaillants viennent eux-mêmes s'approvisionner, ce qui réduit les frais d'envoi de petites quantités de marchandises à de nombreux points de vente.

— *La « stagnation »* de la marchandise coûte cher : producteurs et distributeurs recherchent une *rotation des stocks* la plus rapide possible par une politique adéquate d'approvisionnement combinée à un merchandising poussé au niveau de la vente. La comparaison entre le *coût d'acquisition* et le *coût de possession* intervient dans le choix du volume des commandes, de leur étalement, ou de leur groupement hors saison, du paiement comptant ou à crédit. Ces choix, très délicats, exigent l'examen approfondi de leurs conséquences commerciales et financières à long terme.

(1) Par exemple psychologiques : on sait qu'il est bon qu'une marque soit présente partout, même si cela coûte cher, car le « coût final », en termes d'image et de clientèle, risque d'être encore plus élevé si la marque ne s'y trouve pas.

(2) A. Dayan, *La distribution des biens de consommation*, PUF, 1975.

(3) Trois hommes employés à temps plein détruisaient chaque mois 80 tonnes d'emballages en bois et 70 t d'emballages en carton à l'hypermarché Carrefour de Créteil, en 1969 ; dans le même magasin, une personne rechargeait chaque jour pendant six heures les 8 000 l de lait frais du rayon.

(4) La distribution physique est souvent un problème difficile à résoudre ; comment choisir le meilleur moyen de transport en fonction du prix, de la qualité du service, de la distance, du volume et du poids, de la souplesse d'utilisation ? Comment rentabiliser les véhicules, prévoir la meilleure rotation possible pour les tournées de livraison ? Où implanter des dépôts et combien ? Toutes ces questions relèvent maintenant de la recherche opérationnelle, car de très nombreuses variables les rendent très complexes et les sommes en jeu sont extrêmement élevées.

— La publicité et la promotion des ventes, inséparables de la production-consommation de masse, sont également un facteur non négligeable de renchérissement du coût de la distribution. Et si l'accroissement de la rationalisation, de la productivité, l'amélioration des méthodes de gestion commerciale et financière peuvent permettre d'abaisser les coûts en partie, seules les décisions gouvernementales de politique économique sont susceptibles de les réduire notablement, par une action sur les investissements publicitaires et promotionnels, sur les marges trop élevées de nombres d'intermédiaires, et sur l'impôt (t.v.a.) sur la consommation, beaucoup trop élevé dans de nombreux cas.

3. **Animation, motivation du réseau de distribution.** — Cela fait partie de l'action de marketing sur la force de vente au sens large : les grossistes et les détaillants ne détiennent pas une seule marque, mais plusieurs, et elles sont en concurrence *d'abord* auprès d'eux... (voir chap. IV et V).

II. — La publicité générale

L'utilisateur-consommateur est soumis à l'influence de nombreuses sources d'information, dont la plupart ne sont pas contrôlables par le producteur : leaders d'opinion et prescripteurs de toutes sortes, distributeurs, articles dans les divers supports de la presse écrite et audio-visuelle, opinion des associations de défense des consommateurs, et bien sûr tout l'environnement familial, amical et professionnel. Cette influence est d'autant plus importante que dans nombre de cas l'utilisateur souhaite une information. D'où la nécessité pour l'entreprise de « communiquer » avec sa clientèle potentielle, non seulement directement, mais également à travers ces « médiateurs » que sont ces autres sources. D'où la nécessité d'agir à court et moyen termes mais aussi à long terme.

L'entreprise a à sa disposition un moyen de communication privilégié, qu'elle peut contrôler, infléchir, nuancer à son gré : la publicité. Cette notion très générale (rendre public) recouvre de très nombreux aspects et techniques.

On distingue la publicité pour les produits et les

marques (magnétophones Uher, amplificateurs Quad, voitures Ferrari, photocopieurs Rank-Xerox), de la publicité de branche, ou collective (pour le sucre, les bananes, les conserves de poisson, le café... en général), financée non par une marque, mais par le secteur professionnel concerné (1).

On parle d'autre part de publicité « institutionnelle » : c'est celle que font les producteurs pour faire connaître non pas les produits et leurs caractéristiques, mais l'entreprise elle-même, son potentiel, son importance économique pour le pays, ses réalisations sociales, etc.

Sur un plan plus technique, on fait la distinction entre la publicité par les *grands media* (2) et la publicité par d'autres moyens, comme la publicité directe (3), les foires et les expositions ; d'autres techniques publicitaires sont employées pour « pousser » les produits : la promotion des ventes, la p.l.v. (publicité sur le lieu de vente).

A long terme, l'entreprise utilisera essentiellement la publicité institutionnelle, ainsi que des actions, ponctuelles ou durables, visant à élargir sa notoriété (publicité dans les grands media, opérations de relations publiques...).

A court et moyen termes, selon le type de produit et la phase de vie dans laquelle il se trouve, diverses techniques publicitaires seront employées, aussi bien vis-à-vis des utilisateurs potentiels que des cibles intermédiaires (prescripteurs, distributeurs...).

Pour l'entreprise, la publicité est donc un des moyens de marketing dont elle dispose pour atteindre ses objectifs à court ou long terme. Si, en schématisant, l'objectif

(1) On a aussi vu en France, à la fin des années 60, une publicité de branche en faveur... de la publicité, très attaquée par les mouvements de défense des consommateurs.

(2) Un medium est un ensemble de supports de publicité de même nature : les supports *Le Monde*, *Die Welt*, *The Guardian*, *Cambio 16*, font partie du médium « presse ». Les cinq « grands media » sont : la presse, l'affichage, la radio, le cinéma, la télévision.

(3) On appelle ainsi la publicité remise à domicile ou en mains propres, soit par la poste, soit en distribution dans les boîtes aux lettres, dans la rue, etc.

final de l'entreprise est de maximiser son profit, divers chemins peuvent l'y conduire, chacun constituant en fait un objectif partiel :

— faire connaître un nouveau produit ;
— influer sur les habitudes de consommation ;
— développer ou entretenir une notoriété ;
— rassurer, sécuriser la clientèle potentielle (1) ;
— agir sur l'image du produit (2), etc.

L'action publicitaire, campagne de publicité par exemple, se construit à partir d'une série d'éléments :

— définition des objectifs à court, moyen et long termes de l'entreprise ;
— connaissance la plus étendue possible de toutes les données du marché (quantitatives, qualitatives, motivationnelles, distribution, concurrence, législation, produits, conditionnements...) ;
— définition des contraintes auxquelles est soumise l'entreprise (par exemple la limite des moyens financiers à consacrer à l'opération) ;
— établissement de l'ensemble des arguments « positifs » dont on pourra faire mention, ainsi que des « points délicats » : il s'agit là de ce qu'on appelle les « plus » et les « moins » du produit ou de la firme.

Il s'agit alors de choisir le ou les axes publicitaires autour desquels va s'articuler la campagne, ainsi que le ou les thèmes publicitaires (3). L'axe et le thème peuvent être multiples en raison de la nécessité, le cas échéant, de

(1) On a vu des slogans tels que : « X, pour être sûr de ne pas se tromper ». Il s'agit, en fait, de donner à l'avance bonne conscience aux futurs acheteurs.

(2) Selon le cas : créer une image de marque, la transformer en cas de « défaillance », en la rajeunissant, la renforçant..., ou encore lui en substituer une autre, nouvelle, lorsque les circonstances l'exigent : l'entreprise change d'orientation, fusionne, etc.

(3) Ainsi, à l'objectif de marketing d'étalement tout au long de l'année d'un produit saisonnier (les glaces), sera appliqué l'axe publicitaire « valeur nutritive des glaces » pour créer une autre motivation de consommation que se rafraîchir quand il fait chaud ; le thème, plus concret, pouvant alors être de suggérer l'emploi des glaces comme dessert familial pour toutes les occasions.

toucher sélectivement, car leurs motivations sont différentes, les clientèles potentielles finales, les distributeurs, les prescripteurs.

Il faut aussi choisir les actions qui acccompagneront éventuellement la campagne « grand public » dans les grands média : action de promotion des ventes, de p.l.v. (dans le cas du lancement d'un produit), actions de relations publiques (pour renforcer l'image de marque de la firme), etc. La politique de « communication » de l'entreprise est en effet un tout dont les éléments sont interdépendants et interagissent étroitement les uns sur les autres.

Il faut déterminer les media et les supports, en fonction du type de produit, des caractéristiques des cibles visées, des moyens financiers, et mettre au point le calendrier de parution des différents « messages » (1).

Il faut vérifier la validité des choix effectués, avant et après le lancement de la campagne, et lorsque c'est nécessaire et possible, corriger le tir.

1. Conception et mise en œuvre de la « communication publicitaire ». — Les gens de marketing ont déterminé quels étaient les segments de clientèle potentielle à toucher, ainsi que les « cibles intermédiaires », et ils ont fourni la liste des « plus » et des « moins » du produit. Les « créatifs » (2) vont alors travailler à la mise en forme « publicitaire » du marketing ; c'est-à-dire, en réalité, à mettre sous une forme « publicitaire » le message que veut transmettre le producteur (3), en collaboration

(1) C'est d'autant plus important que dans bon nombre de supports la réservation — surtout pour certaines époques de l'année — doit être faite de nombreux mois à l'avance.

(2) On appelle ainsi ceux qui conçoivent les messages (annonces, films, etc.) : le rédacteur-concepteur écrit les textes en collaboration étroite avec le concepteur-graphiste, qui « trouve » les images.

(3) Le publicitaire américain d'origine écossaise David Ogilvy : « Dites la vérité, mais rendez-la fascinante » ; quant à Elmer Wheeler, autre Américain : « Ne vendez pas une livre de viande, vendez l'odeur du bifteck qui grésille. » De la même façon, l'histoire de l'aveugle du pont de Brooklyn illustre la différence entre l'information « plate » et l'information « suggestive » : la pancarte « aveugle de naissance » ne

avec les « commerciaux » et les spécialistes de la recherche de l'agence de publicité. Ce que nous avons vu au sujet des études de motivation est exploité dans cette phase publicitaire :

« (...) Le message peut en effet s'analyser en deux parties. L'une qui, correspondant à l'aspect informatif de la réclame, est consciemment enregistrée et peut faire l'objet d'une délibération rationnelle ; l'autre, représentant l'aspect suggestif de l'annonce, est constituée de représentations et de symboles latents (...) Nous dirons avec Dichter (1) que le produit est secondaire. Ce qui revêt de l'importance, tant pour le publicitaire qui y cherche l'efficacité, que pour le client qui y trouve une satisfaction fictive à ses besoins. c'est la signification symbolique du produit, les valeurs qui s'y trouvent artificiellement rattachées en une image cohérente. »

Lorsque le matériel publicitaire que l'on a prévu d'utiliser (annonces, films, affiches, « messages radio », etc.) a subi une première mise au point, on le teste (2) auprès d'un échantillon représentatif de la cible visée. Il est en effet indispensable de vérifier certaines variables, essentielles pour le succès de la campagne :

— l'attention : combien de personnes se rappellent-elles avoir vu le message testé ?
— l'identification : a-t-on bien associé le message, ou le produit présenté, à la marque et à l'annonceur ?

lui procurait que quelques cents au fond de sa sébile, jusqu'à ce qu'un passant la fît remplir en écrivant sur la pancarte retournée : « C'est le printemps et je ne le vois pas. »

(1) Ernest Dichter, psychologue et psychanalyste viennois émigré aux Etats-Unis avant la deuxième guerre mondiale, devenu un des grands spécialistes de la psychologie appliquée aux comportements économiques.

(2) Par exemple, pré-test d'un « film t.v. » : comme le produit joue un rôle très important, que les interviewés centreront leur attitude et leurs réponses sur ce qu'ils savent de lui, et que « l'histoire » racontée par le film joue aussi un rôle très important dans les réactions des individus et la mémorisation consécutive, on présente le film muet, tout d'abord, et on demande : « Qui sont ces gens ? Que font-ils ? ... pour déterminer l'identification des enquêtés à la situation présentée et le pouvoir d'évocation du scénario ; puis on présente la version sonore du film et on demande à chacun de reprendre ses réponses à l'aide du complément d'information apportée par la bande sonore. Une trentaine de personnes représentatives de la cible visée participent au test.

— la compréhension : a-t-on perçu la signification que le publicitaire a voulu donner au message ?
— la crédibilité : l'argumentation a-t-elle porté ? le prospect peut-il croire ce qu'on lui affirme ?
— la suggestibilité : le contenu latent du message, sa signification symbolique, provoquent-ils dans l'esprit du public visé des associations favorables au couple marque-produit ?
— l'intérêt « positif » : le message provoque-t-il un intérêt suffisant, pouvant conduire jusqu'à l'acte d'achat ?

On se sert, pour répondre à ces questions, de tests linguistiques et sémiologiques (1), de techniques de laboratoire (2), de tests employant la technique de l'interview (3).

Les éléments de la communication publicitaire une fois testés — et modifiés le cas échéant — il s'agit de déterminer les vecteurs (media et supports) susceptibles de les porter jusqu'à la cible visée.

Ce n'est pas facile : le budget que l'on a décidé d'y consacrer n'étant pas illimité, il va falloir choisir, afin d'obtenir l'adéquation la plus parfaite possible des media et des supports au type de produit et à la clientèle cible, d'une part ; le meilleur rendement ou rapport qualité-prix, c'est-à-dire le plus grand nombre possible de personnes de la cible touchées, pour le coût unitaire le plus faible possible, d'autre part.

Le choix des media en fonction du produit est relativement simple : on peut en effet éliminer tout de suite ceux qui, pour des raisons de prix, de politique commerciale, etc., ne conviennent pas au type de produit considéré (industriel, de luxe, de consommation courante). Le choix des media en fonction de la cible est par contre d'autant plus délicat que l'acheteur final n'est pas seul concerné : d'autres que lui ont leur mot à dire ... et le disent. Ce sont, par exemple, les utilisateurs du produit, les différents leaders d'opinion et prescripteurs, les distributeurs (qui vont référencer ou non le produit)... Il faudra peut-être les toucher par des voies spécifiques, différentes de celles qui vont atteindre l'acheteur.

Le choix des supports est en réalité le problème le plus difficile, puisque l'on veut, à la fois, toucher la plus grande quantité de clientèle potentielle possible, et ce au moindre coût. Il est donc avant tout indispensable de connaître :

— la *diffusion* des supports (vente au numéro, abonnements, services gratuits de propagande) ;

(1) Indices de Haas et de Flesh ; cf. Armand DAYAN, *La publicité*, PUF, 1976.

(2) Test AMO, test tachystoscopique, test de lecture ou d'observation du regard à l'aide de l'*eye camera* ; cf. A. DAYAN, *op. cit.*

(3) *Split-run test*, *folder test*, et journal ou revue d'expérience, cf. A. DAYAN, *op. cit.*

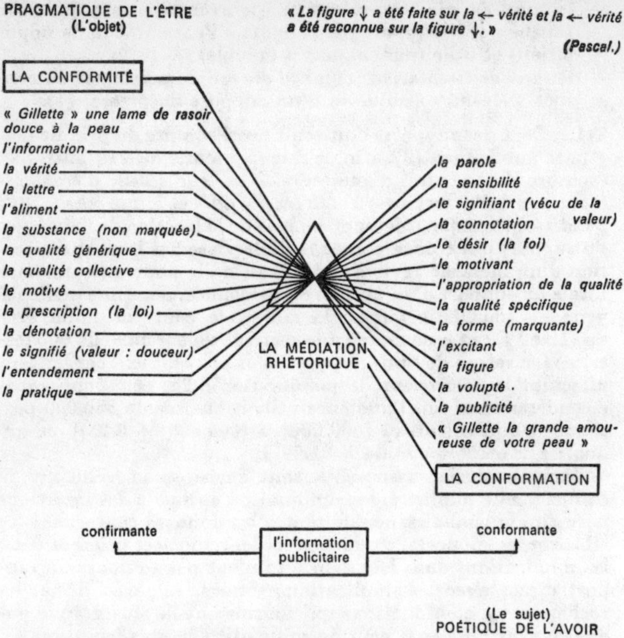

Fig. 9. — Transformation de l'information : « Gillette, une lame de rasoir douce à la peau » en une information publicitaire : « Gillette, la grande amoureuse de votre peau », par G. PENINOU, in *Intelligence de la publicité*, éd. Robert-Laffont, 1972.

— leur *audience* (ensemble des personnes qui le voient, le lisent, ou l'entendent et peuvent donc être touchées par un message publicitaire) ;
— leur *audience utile* (fraction de l'audience totale correspondant aux caractéristiques de la cible) ;
— la *duplication d'audience* (audience commune à deux supports ou plus) ;
— la couverture non dupliquée ou *couverture nette* (1) ;

(1) C'est le nombre de personnes distinctes en contact avec plusieurs supports, inférieur à la somme des lecteurs de chaque support : si A et B ont respectivement une audience de 900 000 et 700 000 lecteurs et que leur audience commune (duplication) est de 350 000 lecteurs, la couverture non dupliquée des deux supports est égale à : (900 000 + 700 000) — 350 000, soit 1 250 000 lecteurs, couverture nette.

— le *taux de pénétration* totale (pourcentage de population touché par le support par rapport à l'ensemble de la population) et utile (par rapport à la cible) ;
— le *taux de circulation* (nombre moyen de personnes en contact avec un exemplaire d'un support de presse) (1).

Le choix des supports doit tenir aussi compte du prix de leur espace publicitaire (2), afin de ramener leur *échelle de puissance* (nombre de lecteurs, d'auditeurs...) et leur *échelle d'économie* (coût aux 1 000 lecteurs) à une *échelle utile* et à une *échelle utile pondérée* : l'échelle utile tient compte de la fraction de l'audience du support qui coïncide avec la cible visée : si le coût d'insertion d'un message revient à 45 F au mille pour une audience totale du support d'un million de personnes, pour une audience utile de 400 000 hommes (la cible), le coût au mille sera de 112,50 F ; et si on donne une certaine valeur aux 600 000 lectrices (en raison de l'influence qu'elles peuvent exercer) en leur affectant le coefficient de pondération 0,25, cela équivaut à considérer cette fois l'audience utile composée de 550 000 personnes « équivalentes » [400 000 + (600 000 × 0,25)], ce qui abaisse le coût au mille à 81,90 F.

Lorsque plusieurs supports sont choisis pour véhiculer la campagne de publicité, la combinaison optimale des insertions nécessite la connaissance de toutes les données concernant les cibles et les supports, en particulier les audiences utiles et donc les duplications dans leur sein, qui n'ont pas toujours un rapport direct avec les duplications totales. A partir de là, on recherche les combinaisons qui fournissent la plus grande audience *nette utile* et le coût au mille utiles le plus bas.

Les cas simples de combinaison sont traités à l'aide de la « formule d'Agostini » qui fournit une audience nette égale à :

$$\left[\frac{1}{K(D/A)+1}\right] A$$

(A = somme des audiences ; D = somme des duplications 2 à 2 ; où le coefficient K est fonction de la population qui sert de base au calcul et du groupe de supports considéré ; voisin de 1,1 pour la presse grand public, il varie de 1,3 à 1,6 pour la presse technique car le nombre de revues professionnelles lues par un grand nombre de personnes est très élevé).

(1) Dans tous les pays industrialisés, divers organismes professionnels font l'étude, en vue de leur exploitation publicitaire, des supports et des media. (En France, l'OJD, le CESP (Office de Justification de la Diffusion, Centre d'Etude des Supports de Publicité).)

(2) Dans le cas, non pas de campagnes de publicité ordinaires, mais d'opérations plus spécifiques de « promotion des ventes » (voir plus bas), l'évaluation des effets de la publicité est plus aisée, car l'impact est bref, limité dans le temps et souvent dans l'espace.

La modélisation à l'aide de logiciels spécialisés est maintenant générale dans les agences. Les modèles d'optimisation utilisant la programmation linéaire simplifiaient abusivement une réalité très complexe dont ils ne tenaient pas compte des aspects qualitatifs. Ils ont été améliorés par les modèles multicritères, où l'optimisation utilisait l'analyse séquentielle sans toutefois tenir suffisamment compte des aspects qualitatifs. La solution choisie depuis quelques années est maintenant l'utilisation de modèles d'évaluation, qui simulent l'exposition de la cible visée aux supports dans plusieurs plans construits *a priori* ; la valeur relative de chaque plan est ensuite évaluée par rapport à des critères fixés à l'avance. Ces modèles sont moins coûteux et plus réalistes que les précédents et le media-planner, après avoir construit les plans à tester, contrôle mieux le processus général (1).

2. **Mesure de l'efficacité publicitaire.** — Une fois toutes ces recherches effectuées, la campagne de publicité est définitivement mise au point (calendrier de parution, achat de l'espace aux supports, réalisation matérielle des messages — affiches, annonces, films, etc.), ce qui pose alors un des problèmes les plus difficiles à résoudre et, en fait, les moins bien résolus : celui de son efficacité.

On va donc essayer de contrôler son efficacité commerciale, a réception des messages, leur effet psychologique.

A) *Efficacité commerciale.* — C'est là le but essentiel, et même unique, de la publicité (même lorsque c'est par le biais du soutien d'une notoriété, du raffermissement d'une image de marque, etc.). Mais peut-on affirmer avec certitude que telle publicité est à l'origine de l'accroissement des ventes ? Dans quelle proportion les a-t-elle poussées ? Il ne faut pas oublier que le client potentiel est aussi sensible à d'autres éléments : le prix, les produits concurrents, l'influence des prescripteurs, des distributeurs, la conjoncture économique du moment... dont on ne peut, à l'évidence, isoler la publicité.

On essaye de connaître l'influence des opérations publicitaires sur la clientèle potentielle par différents moyens :

— Les producteurs de biens de grande consommation se servent des panels de consommateurs et de distributeurs, instruments de qualité, mais qui ont leurs limites. Par exemple, les résultats ne seront fiables que si rien ne change dans le

(1) Les modèles d'évaluation probabilistes *simulent* l'exposition des individus (Tom, de JFC, Popcorn de IMS) ; les modèles d'évaluation déterministes à formule *calculent* le nombre d'expositions des personnes de la cible (Archimède, de la Sligos, qui utilise la formule d'Armand Morgensztern, ou Multieva, de la Sgip, avec une formule très proche). Cf. Th. FABRE, *Le media-planning*, PUF, coll. « Que sais-je » ?, n° 2644, 1992.

domaine commercial pendant la période considérée, ou bien si le panel couvre à la fois la zone soumise à la pression publicitaire et une autre, équivalente du point de vue statistique...

— D'autres méthodes sont employées, qui ont aussi leurs limites : méthode comparative à partir de deux échantillons « équivalents » dont l'un a été soumis à la publicité et l'autre non (mais les conditions d'expérimentation sont-elles assez rigoureuses ?) ; méthode des coupons-réponse, dans laquelle le message est accompagné d'une offre d'échantillon ou de documentation (n'est utilisable que dans des cas particuliers, comme la vente par correspondance).

B) *Réception du message.* — Le risque le plus grand pour un annonceur est que son produit vanté par la publicité ne reste en mémoire que sous la forme de « produit indifférencié », sans marque définie, ou encore pis, qu'on l'identifie à une autre marque, à la notoriété plus grande ! Il est donc essentiel de vérifier tout d'abord que l'on a identifié l'émetteur (la marque) et qu'on l'a lié directement au produit. Un autre contrôle est celui de l'exposition au vecteur du message : combien de lecteurs, auditeurs, spectateurs, passants, ont été en contact avec des supports utilisés, et qui sont-ils (1) ?

On peut affiner davantage l'analyse en essayant de savoir qui a été exposé au message (et non plus seulement au support) : c'est-à-dire qui, parmi ceux qui ont été exposés au support, a vu l'annonce dans le journal, est auditeur de la « tranche horaire », est resté dans la salle pendant la projection des films publicitaires...

On peut pousser encore plus loin, en cherchant à contrôler la perception proprement dite, par la mémorisation du message : qui affirme se rappeler l'annonce, le film, l'affiche ?

Quant à l'intérêt porté au message, c'est là un contrôle important, mais délicat à mener : qui a parcouru le message ? en entier ou en partie seulement ? a-t-on remarqué plus particulièrement certains points (2) ?

(1) Un des derniers avatars de la mesure d'audience de la télévision est le système Mediamat, qui a remplacé depuis 1989 l'Audimat, approche passive et quantitative, par une approche active, quantitative et qualitative : les nouveaux audimètres à bouton-poussoir sont munis d'une télécommande à infra-rouges à huit touches pour les différents membres du foyer ; on sait alors qui regarde telle émission..., si chacun pousse son bouton. Un panel de plusieurs milliers de foyers est ainsi équipé de ces boîtiers reliés au téléviseur d'une part, et à un ordinateur d'autre part, par le réseau téléphonique.

(2) Cela, en principe, relève des tests pré-publicitaires, et on s'en sert justement pour la mise au point définitive des messages, annonces, etc. Mais il est bon, néanmoins, d'avoir ensuite l'opinion du marché, plus vaste et surtout en situation réelle et non plus expérimentale, pour corriger le tir si nécessaire dans la suite de la cam-

C) *Effets psychologiques du message.* — Norbert Wiener, le père de la cybernétique, disait : « Je ne sais jamais ce que j'ai dit avant de connaître la réponse à ce que j'ai dit. » Cela s'applique particulièrement bien à la communication publicitaire, car le message une fois émis échappe au contrôle de l'émetteur, pour être interprété par chaque individu à travers son propre « prisme déformant ». Le contrôle de la compréhension du message cherche à savoir si l'on a perçu ce que l'on voulait transmettre, et non pas « autre chose ». Le contrôle de l'acceptabilité cherche à déterminer si les arguments employés ont « porté » (admissibilité), s'ils ont rendu crédible le message (crédibilité), s'ils ont convaincu (pouvoir de conviction).

Le message doit en effet être non seulement *perçu* et *compris*, mais *accepté* pour être efficace : un prospect qui doute n'achètera pas.

III. — La p.l.v.

On désigne sous le nom de p.l.v. toutes les manifestations publicitaires d'une marque sur le lieu de vente. Pourquoi avoir créé cette variante — et ce complément — de la publicité « générale » ? « Pour éviter le hiatus existant entre le moment de la perception d'un message publicitaire et celui où l'individu se trouve en situation d'achat, il faut rapprocher au maximum le temps de la publicité du moment de la vente — grâce à la p.l.v. On pourra ainsi provoquer des achats spontanés immédiatement après la transmission-réception d'une information publicitaire » (1).

Les nécessités de la concurrence font que les marques sont obligées de se montrer très actives au point de vente ; en effet, le détaillant a tendance à « pousser » les marques qui l'aident le plus à vendre et qui lui offrent les conditions les plus intéressantes. Chaque marque doit donc exercer sur le détaillant une pression directe pour le convaincre des efforts qu'elle réalise pour se

pagne. De nombreuses méthodes sont utilisées pour contrôler la réception des messages : études de pénétration, études d'association, méthode Gallup-Robinson, méthode Starch, méthode des caches... (cf. A. Dayan, *op. cit.*).

(1) Maurice Cohen, *La publicité sur le lieu de vente*, Paris, Dunod, 1970.

vendre. Le public est d'ailleurs livré à lui-même dans les magasins en libre service, de plus en plus nombreux : il est donc impératif de se manifester publicitairement au point de vente afin de déclencher les impulsions d'achat favorables. C'est en ce sens que la p.l.v. doit être considérée comme un effort de promotion directe, non seulement pour inciter le public à acheter, mais encore pour obtenir la coopération du détaillant.

Le matériel de p.l.v. extérieure, premier perçu par le passant, comprend des éléments de signalisation (enseignes et lambrequins, affichettes, « mobiles »...), d'étalage et d'exposition des produits.

La p.l.v. intérieure est moins « publicitaire » et plus « promotionnelle », et tend à inciter directement chacun à l'acte d'achat : affichettes, présentoirs-distributeurs, prolongateurs de rayon (1), p.l.v. sonore... (2).

La p.l.v., dernier maillon de la chaîne publicitaire, s'adresse au consommateur, mais aussi au distributeur :

— *Le distributeur* « de mauvaise volonté » peut réduire à néant tous les efforts de p.l.v. du producteur ; il est donc indispensable de le sensibiliser à l'interdépendance étroite de tous les éléments de la commercialisation, et de l'informer de l'opération projetée : c'est ainsi qu'au moment de lancer une campagne de publicité, l'annonceur doit tenir au courant tous les revendeurs à tous les stades, grossistes et détaillants ; ceux-ci seront alors d'autant plus disposés à mettre en place le matériel de p.l.v. qu'on leur aura expliqué l'effet de synergie de toutes les actions entreprises dans l'accroissement des ventes.

(1) Présentoir ou étagère de petites dimensions, dépassant du rayon auquel elle est fixée, et apparaissant « en relief », de façon à mettre en avant un produit.

(2) On emploie aussi parfois d'autres techniques, plus chères ou plus complexes : « chaînes sonores » où la musique est entrecoupée de « messages » ; télévision en circuit fermé montrant à l'ensemble de la clientèle le rayon que l'on veut « promouvoir » ; films en couleurs diffusés sur de petits écrans dans divers endroits du magasin ; p.l.v. odorante, lorsqu'il s'agit de produits de parfumerie ou d'alimentation (dans ces deux cas, des essais et dégustations sont à la fois p.l.v. et promotion des ventes).

— *Le consommateur*, préalablement « informé » par la publicité générale, trouve la p.l.v. dans le magasin : il suffit alors qu'elle agisse au niveau de la marque ou du slogan, par un mécanisme de rappel, pour déclencher le réflexe positif d'achat, chez tous ceux qui ne sont pas fixés à l'avance sur ce qu'ils vont choisir (1).

IV. — La promotion des ventes

Un autre élément de la communication publicitaire est la promotion des ventes, complément — pour les produits de consommation courante — de la publicité générale. Elle a pour but le développement des ventes à court terme, et son utilisation doit, pour être efficace, être limitée dans le temps (2). Elle s'adresse sélectivement à quatre publics différents :

— aux consommateurs : pour lutter contre les actions concurrentes, réduire la saisonnalité d'une consommation, faire connaître ou essayer un produit, « fidéliser » la clientèle, augmenter le nombre d'acheteurs, augmenter les quantités achetées par chacun ;
— aux distributeurs : pour faire référencer un produit, augmenter le linéaire et les quantités commandées, obtenir une « mise en avant » du produit, et ici aussi, réduire la saisonnalité ;
— à la force de vente de l'entreprise : pour l'inciter à mieux vendre le produit, faire davantage d'efforts de prospection, etc. ;
— aux prescripteurs : en raison de leur influence sur la masse des acheteurs ordinaires, pour leur faire connaître et utiliser ou essayer le produit, afin d'obtenir en retour leur « sympathie » pour lui.

(1) De la même façon qu'en cas d'indécision ou d'ignorance on se rabat sur la première chose qui vient à l'esprit, la p.l.v. amplifie le phénomène d'achat d'impulsion.

(2) Les résultats à très court terme ne peuvent pas être obtenus par la publicité générale, qui agit en profondeur, mais à moyen terme : seule la promotion des ventes peut agir quasi instantanément. Revers de la médaille, on ne peut l'employer en continu, car alors « l'effet de choc » ne serait plus assuré : il est indispensable que le public perçoive un « avantage » momentané, elle doit donc être exceptionnelle... En effet, la promotion des ventes ne cherche pas à modifier l'attitude que l'on a vis-à-vis d'un produit, mais à provoquer une modification à un moment donné dans le comportement du consommateur... comme dans celui du distributeur, du vendeur, du prescripteur, en leur faisant, littéralement, un *cadeau*. Voir, pour un développement plus complet, A. Dayan, L. et A. Troadec, *Promotion des ventes et p.l.v.*, coll. « Que sais-je ? », n° 2482, PUF, 1989.

1. Promotion et force de vente du producteur. — Son but est de « dynamiser » une équipe en vue d'un objectif précis : faire référencer un produit, développer les quantités achetées, soutenir et encourager les vendeurs dans leur lutte contre la concurrence...

Les techniques employées sont semblables aux techniques de stimulation utilisées pour « motiver » le personnel d'une entreprise, mais elles ont un caractère exceptionnel, car leur objectif est à court terme. Elles sont au nombre de trois : avantages financiers, concours, honneurs.

2. Promotion et distributeurs. — Le producteur a besoin en permanence du distributeur : lors du lancement du produit, pour obtenir son référencement et pour ménager une fin harmonieuse (voire rentable) au produit en déclin qui va être remplacé ; pendant sa phase de croissance, pour éviter les ruptures de stock ; pendant sa maturité, pour maintenir les ventes à un niveau élevé, alors que les détaillants ont tendance à ne plus faire d'efforts. Parmi les types de promotion qui leur sont appliqués, les avantages financiers ont leur préférence.

3. Promotion et prescripteurs. — L'essentiel pour le producteur est que le prescripteur, le leader d'opinion se montre avec son produit ou le recommande. En dehors des réductions de prix qu'on peut leur consentir, deux techniques peuvent être employées : les envois documentaires par la poste qui appellent de leur part une réponse, une appréciation sur le produit, et en échange desquelles ils reçoivent un cadeau (le produit, un voyage...) ; l'échantillonnage, afin que le prescripteur juge par lui-même.

4. Promotion et consommateurs-utilisateurs. — Malgré l'existence d'opérations promotionnelles adaptées aux différents « intermédiaires », que nous venons de passer rapidement en revue, il est clair que c'est vers l'utilisateur final que sont dirigées ces actions ; et surtout, on s'en doute, sur les marchés de grande consommation, où la concurrence est la plus vive (alimentation, produits d'entretien, d'hygiène-beauté).

Les techniques sont très nombreuses et s'appliquent sélectivement selon la phase de vie dans laquelle se trouve le produit :

— *Phase de lancement :* l'échantillonnage, la distribution de coupons et les réductions de prix sont alors employées, afin de faire connaître le produit et le faire essayer par le plus grand nombre de personnes.

— *Phase de croissance :* les primes, les primes différées avec des « preuves d'achat » et les réductions de prix sont utilisées à ce stade pour augmenter le nombre d'acheteurs et la quantité achetée par chacun.

— *Phase de maturité :* on emploie alors les jeux, concours, loteries, ventes jumelées, « offres spéciales », et diverses autres techniques plus ou moins sélectives ; en effet, le produit est alors bien connu et il s'agit de fidéliser la clientèle et de la développer en luttant contre la concurrence qui s'est faite de plus en plus vive, surtout si le produit a du succès.

— *Phase de saturation et de déclin :* pour des raisons variées — obsolescence technologique ou due à la mode, mise au point par le producteur lui-même d'un nouveau modèle destiné à remplacer le précédent, etc. — le produit est dans cette phase ultime — et délicate — de sa vie ; des techniques promotionnelles appropriées vont lui permettre de « mourir en beauté », d'écouler les stocks et de rentabiliser ainsi l'opération fin du produit - naissance du produit.

La « promotion » retenue est testée avant lancement, puis, à l'issue de la campagne de promotion, on mesure son impact sur le public et ses résultats sur les ventes. Les sondages y aident, ainsi que les études permanentes entreprises par les sociétés de panels ; les comptes rendus des représentants, ainsi que l'analyse détaillée des statistiques internes de la firme sont aussi un instrument de connaissance.

V. — Les relations publiques

« Le plus vieil exemple connu de relations publiques est attribué au peintre-sorcier anonyme de Lascaux. On estime en effet que dans cette peinture sont réunis les éléments les plus simples d'une communication formelle : information, exorcisme, stimulation. En faisant construire les pyramides, les pharaons faisaient les relations publiques de leur dynastie ; les bâtisseurs de cathédrales faisaient celles de Dieu, Louis XIV à Versailles, celles de la monarchie française » (1).

En fait, les relations publiques ne sont qu'un des éléments de la communication publicitaire, et ceux qui les qualifient de publicité déguisée se trompent : c'est de la publicité non déguisée, mais différente, moins

(1) Gérard Leroy, *Douze leçons sur les relations publiques*, Paris, SGIT, 1969.

bruyante. Elles sont très exactement « l'art de se concilier les publics, de se les rendre favorables », véritable technique de marketing qui s'applique aux entreprises comme aux administrations, aux personnalités politiques ou du spectacle, aux établissements d'enseignement, à l'Etat lui-même (1).

VI. — Le budget de publicité

Déterminer la somme d'argent à affecter à la communication publicitaire n'est pas chose facile, et cela d'autant moins qu'il faut tenir compte de très nombreux éléments.

1. La quantité et le type de « publicité », au sens le plus large, dépendent du type de produit :

— Les biens de grande consommation, dont le marché est en général très concurrentiel, nécessitent de gros efforts de publicité générale, p.l.v. et promotion des ventes.

— Les biens industriels nécessitent au contraire une publicité de type technique à base de brochures, tests, démonstrations, et emploient la publicité directe, les foires et les expositions...

— Les biens très différents des autres, qui apportent réellement un « plus » à l'acheteur, n'ont pas besoin de beaucoup de tapage pour se faire connaître, à l'inverse de ceux, comme les lessives par exemple, qui ne sont que la copie conforme des concurrents.

(1) Elles sont de toutes sortes : journal d'entreprise, visites guidées lors des opérations « portes ouvertes », conférences et débats..., ainsi qu'actions spectaculaires de grande envergure : les camions Berliet subventionnent des expéditions de recherches préhistoriques au Sahara ; Europe n° 1 met en place une opération destinée à créer en France un service de chirurgie à cœur ouvert ; un nageur de fond descend le Rhin en hiver, protégé par des sous-vêtements en Rhovyl, opération « Rhin degré zéro » préludant à une campagne publicitaire ; et célèbres entre toutes, la « Croisière noire » en 1922-1924 et la « Croisière jaune » en 1932-1933 des voitures Citroën.

2. Le type d'achat est aussi déterminant :

— Les achats impulsifs, qui concernent des produits de faible valeur, ou de mode, ou de deuxième nécessité, sont favorisés par la publicité dans les grands media, le « matraquage » constant, la p.l.v.

— Les achats réfléchis, qui concernent les biens durables, sont favorisés par une publicité plus « sérieuse », des annonces dans la presse qui « argumentent », ainsi que, à long terme, par une politique bien menée de relations publiques, tendant à créer et consolider une image de sérieux, de qualité.

3. La phase dans laquelle se trouve le produit commande les actions à entreprendre :

— *Lancement* : c'est un moment crucial pour le succès ou l'échec du produit, qui doit mobiliser toutes les forces de l'entreprise ; la publicité joue un rôle primordial pour le faire connaître, la promotion des ventes — le cas échéant — pour le faire essayer.

— *Croissance et développement* : il ne suffit pas de lancer le produit, il faut le soutenir de façon qu'il s'implante solidement sur le marché ; l'effort publicitaire doit également être soutenu à ce stade.

— *Maturité* : le produit prend une « vitesse de croisière » et peut la maintenir très longtemps ; une publicité d'entretien, voire de notoriété (comme pour les grands parfums, par exemple), beaucoup moins coûteuse que dans les phases précédentes, suffira alors.

— *Saturation et déclin* : lorsque la disparition d'un produit s'avère inéluctable à court ou moyen terme, l'expérience montre qu'il peut en définitive coûter beaucoup plus cher d'essayer de le soutenir que de le laisser mourir... une dernière opération promotionnelle peut être, une dernière fois, relativement intéressante.

4. Tout cela étant, *combien faut-il investir en publicité* ? Plusieurs « règles » sont « édictées » à ce propos : les uns préconisent d'y consacrer un pourcentage du chiffre d'affaires passé ; les autres, un pourcentage du chiffre d'affaires prévu à la fin de la période correspondante ; d'autres encore, la même somme que les

concurrents... Les discussions sur la taille du budget de publicité ressemblent aux querelles sur le sexe des anges...

La vérité est qu'il n'y a ni recette ni barème pour déterminer le budget optimum. Il faut simplement considérer la communication publicitaire comme les autres éléments du plan de marketing, c'est-à-dire l'adapter aux objectifs visés, à court, moyen et long termes, et choisir les moyens — y compris publicitaires — de les atteindre. Si on n'a pas les moyens — essentiellement financiers — de ses ambitions, mieux vaut modérer ses ambitions, c'est-à-dire revoir ses objectifs : on n'est en effet sûr que d'une chose, dans le cas inverse, c'est qu'on ne les atteindra pas !

VII. — L'emballage-conditionnement

« En Amérique, on arrive à vendre les engrais chimiques, la farine, les nourritures animales et autres produits destinés principalement à la clientèle agricole dans des sacs en tissu de coton à dessins imprimés, susceptibles d'être aisément transformés en blouses, chemisiers ou autres vêtements d'été » (1).

Nous pouvons ajouter que dans les pays industrialisés on achète de nombreux produits par « impulsion » — dans les points de vente en libre service — en raison de l'attrait qu'exerce leur emballage ou « conditionnement » bien plus qu'à cause des qualités du contenu qui, bien souvent d'ailleurs, sont ignorées.

Cela signifie que dans le système « consommationnaire » (2) l'emballage n'est plus seulement une protection, voire un support d'information sur le produit : très souvent, dans le cas des biens de consommation courante, c'est lui qui vend le produit, ou tout au moins

(1) Rôle de l'emballage dans la promotion des ventes, *in* revue *Alembal*, janvier 1974.
(2) L'expression est du sociologue Edgar Morin.

contribue à déclencher l'acte d'achat préparé par la publicité et la promotion des ventes qui ont « prévendu » ce produit.

On a pu lire dans une revue spécialisée : « A moins que vous vendiez des buffles ou des navires de guerre, il est très probable que votre produit pourra se présenter au consommateur sous forme d'emballage (...). Il constitue la dernière possibilité d'influer sur le client (...) et c'est toujours lui qui aura le dernier mot pour faire aboutir la vente ou la faire perdre. »

Pour le client. en effet, l'emballage reflète le produit, il est à son image. Cela, les études de motivation l'ont mis en lumière depuis longtemps, et à l'origine, à propos non pas de l'emballage, mais de la présentation extérieure du produit, même le plus austère : c'est ainsi que s'est développée *l'esthétique industrielle* (1), communément appelée *design*, et que l'on a vu des machines « recarrossées » tourner dans des ateliers peints de couleurs choisies pour leur effet stimulant, euphorisant, etc. Mais c'est dans le domaine des produits courants (fers à repasser, moulins à légumes, vaisselle) que le design contribue le plus à l'évolution et au renouvellement des formes, dont le marketing fait un argument de vente couronné de succès. De la même façon, le conditionnement, désormais un des éléments de la communication publicitaire, a fait l'objet de nombreuses études sur la couleur, le graphisme, la forme (étuis et flaconnage), etc. : c'est un moyen important d'action sur la clientèle.

VIII. — Le nom du produit

Quoi de plus grave pour un produit ou une marque que de se voir appliquer la réflexion : « Ce nom ne me dit rien. » Cela signifie que n'existant pas dans la conscience ou la mémoire des acheteurs potentiels, ce produit ou cette marque n'existent pas tout court.

S'il est nécessaire d'avoir un nom pour être désigné, reconnu, connu, cela ne suffit pas : il faut que ce nom soit bon, et cela est d'autant plus impératif en économie concurrentielle pour les centaines de produits « nouveaux » qui apparaissent chaque

(1) Cf. pour une étude synthétique et critique D. BAUHAIN, *Cours de gestion du design*, ESCP, 1988 ; D. BAUHAIN-ROUX, *Gestion du design et management d'entreprise*, Chotard, 1992.

année dans le monde. Ce nom du produit et de la marque est également un élément très important de la communication publicitaire. Il est nécessaire qu'il soit *euphonique* (facile à prononcer et agréable à entendre — Kodak, Omo), ce qui n'est pas facile si des langues différentes doivent le prononcer..., *facile à retenir*, *évocateur* du produit considéré et surtout parfaitement adapté à l'image que l'on veut donner de ce produit.

Il est très difficile de choisir un nom : d'une part en raison des qualités qu'il doit avoir, d'autre part parce que des « spécialistes » fabriquent avec un ordinateur des centaines de marques pour toutes sortes de types de produits et les « déposent », ce qui les « stérilise » pendant plusieurs années (1). Les cabinets de conseil en propriété industrielle ont parfois aussi connaissance de marques à vendre : « L'inconvénient (...) est qu'une bonne marque internationale — pour le Marché Commun, par exemple — est souvent cédée pour des sommes très importantes (100 000 F en 1970) » (2).

Les méthodes actuelles de recherche de noms emploient, après analyse approfondie de la question (faut-il vraiment un nom nouveau ? une déclinaison de la marque — Nestlé, Nesquick, Nescafé... — ne serait-elle pas suffisante ? quelles sont les contraintes ? que doit-elle évoquer ? etc.), l'informatique, pour générer — on parle d'ordinateur « fertilisateur » — des suites de lettres que les créateurs, individuellement d'abord, en groupe ensuite, exploiteront et enrichiront. A cette phase de création succède une phase de première sélection rapide de ce qui semble convenir ; puis les quelque 10, 15 ou 20 noms retenus sont soumis à une série de tests de motivation, évocation, euphonie, mémorisation, etc., pour arriver au choix définitif.

IX. — Le merchandising

« Le merchandising est une préoccupation de distributeur, gestionnaire de l'ensemble de son assortiment (...). Aux résultats du merchandising concourent donc le produit (...), mais également le dosage des moyens du magasin entre les différents composants de l'assortiment » (3). Dans ce qui précède, les

(1) En France, Angleterre, Espagne, cinq ans ; en Italie, en Suisse, aux Pays-Bas, trois ans ; aux Etats-Unis, deux ans ; au Japon, un an.

(2) Christian Aznar, Les contraintes d'une création de marque, in *Revue française du Marketing*, n° 35, II, 1970. (Voir aussi Boulvin et Szekely, La recherche de noms, *Metra*, n° 3/1971 ; La protection des atteintes portées à la marque, in *Revue fiduciaire*, n° 454, 1966.)

(3) Jimmy Pimienta, Points de vente et produits, in *La distribution*, sous la direction d'A. Dayan, Paris, CEPL, 1973.

mots importants sont distributeurs, produit, assortiment. En effet, chaque producteur souhaite vendre le plus grand nombre possible de ses produits, et voudrait donc, à la limite, remplir tous les points de vente disponibles. Par ailleurs, chaque distributeur-détaillant désire rentabiliser au maximum son entreprise — c'est-à-dire son magasin — où se côtoient les produits de nombreux fabricants : il y a donc conflit entre l'intérêt de chaque producteur et celui de chaque distributeur...

Pour maximiser la rentabilité du magasin de détail, le merchandising offre deux moyens « juxtaposables » et complémentaires l'un de l'autre dans cette politique de profit :

— d'une part, des techniques « d'animation de l'offre de la marchandise » qui attirent le client, le font passer par un circuit prédéterminé, mettent à portée de ses yeux ou de ses mains certains types de produits, etc. (1) ;
— d'autre part, une gestion de l'assortiment des différents types de produits, telle que les marchandises à plus forte marge bénéficiaire se vendent le plus vite possible — tout en maintenant sur les linéaires (étagères d'exposition-vente) la présence constante de produits moins demandés, moins rentables, mais dont l'absence nuirait à l'image d'approvisionnement du magasin.

Cela signifie que, pour bien vendre, le distributeur doit d'abord savoir acheter, c'est-à-dire composer judicieusement ses divers assortiments de façon que chacun lui laisse un profit maximum, à la fois en argent et en satisfaction de la clientèle, c'est-à-dire en argent futur (2).

X. — Le prix de vente du produit

> « Ils n'ont point de façons, ces gens qu'on appelle des hommes ! se dit Mowgli. Il n'y a que le singe gris capable de se conduire comme ils font. »

La détermination du prix de vente d'un produit est une tâche d'autant plus délicate que l'entreprise doit

(1) Implantation du mobilier et des produits sur la surface de vente (produits de grande consommation placés au fond du magasin pour que l'on passe devant certains rayons, produits dont on veut pousser la vente placés à hauteur des yeux, ou dans des présentoirs installés au milieu d'une allée, etc.).

(2) Voir la mise en œuvre de ces techniques dans A. Dayan, L. et A. Troadec, *Le merchandising*, coll. « Que sais-je ? », n° 2516, PUF, 2e éd., 1993.

tenir compte, non seulement de la nécessaire cohérence entre ses divers objectifs, mais encore des très nombreuses contraintes que le marché fait peser sur elle. Mais quelle que soit la politique des prix pratiquée, l'entreprise agit en général en vue de la maximisation à court, moyen, ou long termes, du profit escompté qui, « s'il n'est pas le moteur de la croissance, en est assurément le combustible » (1), car il permet l'autofinancement dont le rôle est essentiel dans la décision d'investissement.

1. Objectifs que l'entreprise vise par sa politique de prix, techniques employées.

A) *Attaquer la concurrence* pour la dissuader de commercialiser le même produit : c'est là une politique d'intimidation qui consiste à mettre sur le marché un produit de grande diffusion à un prix très bas, obligeant ainsi la concurrence à s'aligner sur ce prix ou à renoncer à ce produit, à ce marché. En général, seules peuvent se permettre cette politique les firmes suffisamment puissantes pour supporter le coût — le manque à gagner — d'une telle opération pendant tout le temps nécessaire pour s'implanter solidement sur ce marché.

B) *Se défendre* devant l'offensive d'une entreprise concurrente cherchant à son tour à conquérir un marché par une politique de bas prix... ou au contraire, de prix très élevé pour un article de prestige (2). L'entreprise est dans ce cas en position beaucoup moins favorable que dans le précédent, car elle n'a pas l'initiative et doit adapter son comportement à celui de son concurrent.

C) *S'implanter* au sein d'un certain type d'intermédiaires (magasins populaires, grandes surfaces, ou au contraire magasins de luxe) en leur consentant des conditions de prix et de paiement avantageuses : remises de toutes sortes, marges de distribution élevées, vente exclusive dans un type de point de vente (pharmacies, parfumeries...), etc.

(1) A. Babeau, *Le profit*, coll. « Que sais-je ? », n° 1349, 5e éd., PUF, 1993.

(2) Sturdivant cite le cas de Ford, attaquant la General Motors en vendant sa « Continental » 10 000 dollars, plus cher que la « Cadillac ». La riposte fut l'apparition d'une « Cadillac » à 12 500 dollars ! (in *Managerial analysis in marketing*, Scott, Foreman and C°).

D) « *Ecrémer* » *le marché* en fixant un prix de vente très élevé : cela donne de la firme et du produit une image de « qualité », de « standing », et permet de s'implanter auprès d'une clientèle qui peut et veut « payer le prix » de ce qu'elle achète, quand bien même ce ne serait que par snobisme ou par « obsession du standing » (1). Sur le plan financier, c'est là une politique de maximisation du profit à court terme, grâce à des marges bénéficiaires très élevées. Mais c'est seulement possible si la clientèle perçoit — ou croit visible — une différence réelle de qualité avec les produits concurrents, si le produit est vraiment nouveau, et si la firme jouit déjà d'une image de marque de qualité ; à défaut, une firme jeune et encore peu connue peut pratiquer cette politique d'écrémage, à condition de la soutenir par une campagne promotionnelle vigoureuse au moment du lancement et pendant la phase de décollage.

Une politique d'écrémage bien menée et réussie fournit à l'entreprise les profits élevés nécessaires à sa croissance et contribue à renforcer son image dans l'esprit du public, cela d'autant plus que les acheteurs font eux-mêmes figure de prescripteurs, de leaders d'opinion. Elle permet aussi de s'affirmer face à la concurrence en attaquant, ce qui est une position toujours avantageuse sur le marché ; enfin, l'entreprise qui a mis au point un produit susceptible de recevoir un accueil très favorable risque, dans les premiers temps, de ne pouvoir répondre à la demande si ses prix sont bas : c'est là un très grave danger, car un ou plusieurs concurrents sauteront alors sur l'occasion et si leur capacité de production est plus grande, prendront une large part du marché.

E) *Pénétrer le marché par la base*, c'est-à-dire fixer un prix suffisamment bas pour toucher le public le plus vaste possible : sur le plan financier, c'est le nombre élevé d'articles vendus avec une faible marge bénéficiaire qui doit procurer à l'entreprise son profit. Il s'agit cette fois de produits de grande consommation pour lesquels la concurrence est importante et susceptible de s'adapter assez facilement aux variations du marché : seule une firme solide et « confirmée » peut adopter cette politique, car l'opération, dissuasive au début, peut devenir « incitative » en cas de succès.

F) *Appliquer successivement les deux techniques*, écrémage et pénétration, en « descendant d'un cran » le prix, chaque fois que le segment de clientèle visé a été exploité, un peu à la manière d'une mine dont on épuise d'abord les filons superfi-

(1) Cf. Vance PACKARD, *Les obsédés du standing*, Paris, Calmann-Lévy, 1960.

ciels, pour descendre ensuite de plus en plus profondément sous terre. Cette politique est particulièrement applicable aux articles de mode et à tous ceux qui « bénéficient » de prescripteurs. A la fin de l'opération, le prix du produit se trouve à la portée du plus grand nombre (1).

Une variante de cette politique de prix est la suivante : on fixe à un niveau accessible au plus grand nombre des produits dont l'utilisation demande l'achat d'un grand nombre de compléments, dont la vente permettra la réalisation de bénéfices substantiels : électrophones et disques, magnétophones et cassettes, rasoirs et lames, appareils photographiques et films, etc.

G) *Inciter les utilisateurs à consommer selon sa propre commodité :* le cas le plus simple est celui de l'énergie (électricité), des télécommunications (téléphone) : en fixant des prix très différents, pouvant aller du simple au double, selon l'heure (tarifs de nuit, de pointe), l'entreprise qui fournit ces services arrive à mieux régulariser sa production et à limiter les « embouteillages ». Mais c'est là un cas limite qui exige un monopole de droit ou de fait.

2. L'entreprise est aussi soumise à de très nombreuses contraintes avec lesquelles elle doit compter pour déterminer ses prix de vente.

A) *La législation :* de nombreuses lois existent qui limitent souvent les possibilités de fixation des prix : réglementation des pratiques discriminatoires, de la vente à la perte, des prix d'appel, des remises occultes, des prix « plancher »... ainsi que les prix ou marges fixés par l'administration, etc.

B) *La capacité de production :* comme nous l'indiquons plus haut, si l'entreprise fixe un prix très accessible à tous, et si le produit connaît un grand succès, la demande, supérieure aux possibilités de l'offre, suscitera très vite une offre importante de la part de la concurrence, au détriment du premier producteur. Cette

(1) Ce fut le cas au début des années 70 avec le lancement des calculatrices électroniques de poche, à un prix très élevé : trois ou quatre ans plus tard, le marché mondial était inondé de calculatrices de tous modèles produites par de nombreux fabricants à un prix relativement très bas.

crainte oblige certaines firmes à pratiquer d'abord une politique d'écrémage... ou à s'assurer les moyens de faire face à la demande le cas échéant.

C) *Les prix du marché :* l'entreprise peut s'aligner sur ces prix, les dépasser, ou encore fixer les siens plus bas. Sa position sur le marché et l'image qu'elle veut donner d'elle-même sont ici prépondérantes :

1) Un prix plus bas que celui du marché ne peut être fixé par une entreprise, qui pense prendre ainsi une bonne place sur le marché, que si elle ne risque pas pour autant de perdre sa réputation de qualité ; il faut donc que la différence de prix soit perçue et reliée au maintien — voire à l'amélioration — des caractéristiques du produit (1).

2) Pour fixer un prix supérieur à celui du marché, l'entreprise doit fournir un produit dont la meilleure qualité soit effective, à moins qu'il s'agisse d'une firme dont le nom fait écran et justifie, aux yeux de ceux qui achètent ses produits, des prix plus élevés. Des exemples se trouvent aussi bien dans l'habillement, l'alimentaire, que dans les biens durables ou semi-durables (appareils électroménagers, audio-visuels, etc.). Une autre façon de « justifier » un prix plus élevé, consiste à proposer des produits « différents » et difficilement comparables à première vue (capacité, forme, caractéristiques techniques un peu modifiées, etc.), surtout lorsqu'il s'agit d'un marché très concurrentiel.

D) *La conjoncture économique :* selon qu'on se trouve dans une phase d'expansion et d'euphorie, ou, au contraire, en phase de récession, les entreprises n'auront pas les mêmes facilités pour fixer les prix de leurs produits. Si dans la première de ces phases, la dynamique commerciale les aide à maximiser leurs profits, elles doivent adopter une politique plus prudente dans la seconde, de façon que le marché puisse répondre à l'offre (2).

(1) L'exemple type est, en France, la marque Moulinex qui a su se donner et conserver une image de bas prix, liée à une image de robustesse, fiabilité et simplicité des produits.

(2) Notons, à ce propos, le comportement apparemment illogique du consommateur : on observe, dans les périodes de crise inflationniste et de ralentissement de la vie économique, des achats importants de biens de toutes sortes, en particulier de produits de prix

E) *Le coût du produit* : c'est là sans nul doute un élément capital dans la détermination du prix de vente ; mais le problème est beaucoup moins simple qu'il paraît à première vue. On peut en effet faire le raisonnement suivant : à partir du prix de revient total du produit, on trouve son prix de vente en ajoutant une quantité qui sera la marge génératrice de profit. Ce raisonnement pèche au moins par deux côtés :

— d'une part, seuls les distributeurs peuvent en gros l'appliquer, car pour eux le coût d'achat du produit est facile à connaître ;
— d'autre part, seules les entreprises ne fabriquant qu'un seul produit pourraient l'appliquer, en le perfectionnant grâce à la notion de point mort ou seuil de rentabilité, c'est-à-dire du niveau de production — et de vente — pour lequel l'entreprise n'enregistre ni perte ni bénéfice : on l'atteint lorsque le chiffre d'affaires est égal au total de tous les coûts, fixes et variables, directs et indirects, amortissement des investissements compris (1).

Dans la plupart des cas, il s'agit d'entreprises fabriquant plusieurs produits : comment alors attribuer à chacun sa « juste part de couverture des charges fixes » ? « Dans la mesure où les coûts indirects sont partagés entre les produits sur des bases « raisonnables », nombre de responsables d'entreprise considèrent que la constatation de prix de vente tous supérieurs au prix de revient constitue une garantie de rentabilité générale plus sûre que la connaissance des marges sur coûts partiels (par exemple sur coûts variables), dont on ne sait jamais si

élevé : l'explication est que l'on cherche à se prémunir contre la hausse tenue pour certaine des biens que l'on souhaitait acheter à plus ou moins long terme : « Autant le faire avant qu'ils coûtent plus cher ! »

(1) On distingue, en fait, trois points morts : d'exploitation (équilibre des recettes et des dépenses), comptable (récupération de l'investissement initial par l'amortissement), financier (rémunération des capitaux investis, c'est-à-dire profit).

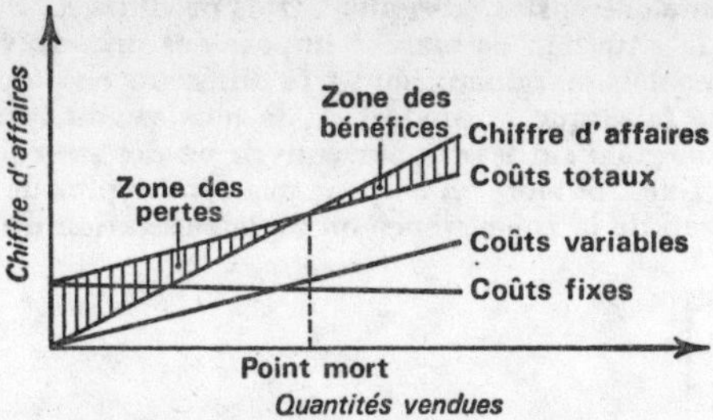

Fig. 10. — Le point mort d'exploitation

l'addition sera suffisante pour la couverture des charges de structure. (...) Si le calcul des prix de revient complets présente un indéniable côté sécurisant (...), les résultats calculés se prêtent par contre très mal à une extrapolation à d'autres niveaux de production (...), le montant des coûts fixes unitaires par produit [étant] susceptible d'importantes fluctuations d'une période à l'autre. Les décisions de gestion des produits (planning de fabrication, action commerciale) entraînant presque toujours la prise en compte de quantités fluctuantes, le recours aux prix de revient unitaires pour chiffrer les conséquences de ces décisions est dangereux, voire impossible. Au contraire, la *méthode du coût variable* ou *direct costing* ne calcule que le coût variable d'une unité de produit et maintient les coûts fixes sous leur forme globable de charges de période ; les produits sont alors caractérisés par deux chiffres unitaires valables quels que soient le niveau de production, le prix de vente et le coût variable, à partir desquels il est possible de calculer les recettes et coûts globaux correspondant à divers niveaux de production » (1).

(1) KOSKAS, JOLIVET, CRETAL, DOULEAU, *Analyse et contrôle des coûts*, Publi Union, 2e éd., 1986. La réalité des entreprises en marché est plus complexe : cf. *Les limites du direct costing et de ses variantes*, *op. cit.*, p. 177.

Pour une entreprise fabriquant trois produits A, B, C, pour lesquels la situation de marché impose des prix de vente tels que les revenus marginaux sont très différents en pourcentage, il peut se faire que le produit A, le plus vendu, procure un revenu marginal suffisant pour couvrir ou dépasser la totalité des frais fixes. Si alors on ne peut pas vendre plus de produits A en raison de la concurrence ou de la saturation du marché,

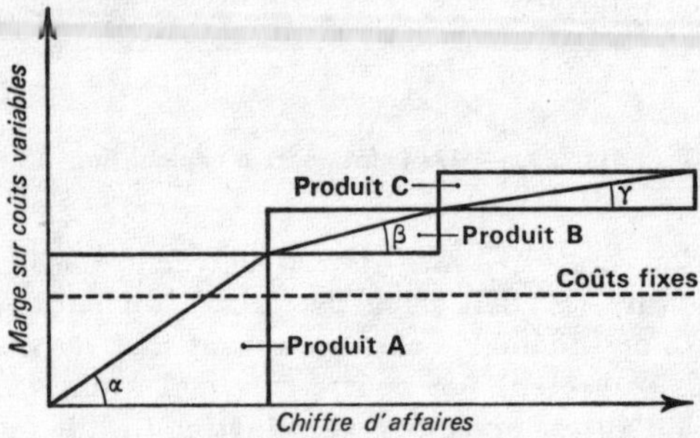

Fig. 11. — $\alpha > \beta > \gamma$

c'est grâce à B et C, bien que leur vente et leur revenu marginal soient faibles, que l'entreprise va essayer de se placer sur un marché, ou combattre un concurrent : en effet, la totalité des revenus marginaux de B et C est un bénéfice, puisque A tout seul suffit à compenser les frais fixes (1). Dans cet exemple schématique, on voit que l'existence de produits de type A permet aux entreprises qui appliquent la méthode du *direct costing* non seulement de ne pas éliminer les produits B et C (estimés non rentables selon la méthode du prix de revient complet), mais encore de fixer à ces produits, le cas échéant, des prix très compétitifs, pour conquérir un marché ou seulement s'y maintenir (politique de « présence »).

(1) Exemple tiré de G. DEPALLENS, *Gestion financière de l'entreprise*, Sirey, 1973. L'auteur précise : « C'est dans la détermination de la politique à court terme de l'entreprise que réside tout l'intérêt du *direct costing*. [Cela] permet de pratiquer sur les divers marchés des prix différentiels en déterminant le prix de vente à partir des seuls frais variables ; mais si une augmentation de l'activité entraîne une augmentation des frais fixes, il est préférable d'utiliser la méthode du coût marginal ou coût additionnel (qui tient compte de l'ensemble des charges additionnelles, fixes et variables). »

F) *Le type de marché, le type de concurrence :*

1) *Marché très concurrentiel :* c'est le cas qui se rapproche le plus du « marché de concurrence parfaite » des économistes libéraux : on y trouve de très nombreux producteurs et de très nombreux consommateurs, aucun n'ayant à lui seul une influence décisive sur le marché. C'est en théorie le cas des produits homogènes (alimentaires, par exemple), où l'équilibre de l'offre et de la demande, respectivement proportionnelle et inversement proportionnelle à l'augmentation des prix, permet à ceux-ci de s'établir au point de rencontre des deux mouvements. Dans la réalité, ce n'est pas cet « équilibre » qui fixe les prix, mais une entente tacite, informelle, entre les producteurs, qui augmentent ou diminuent les prix en même temps, s'alignant les uns sur les autres.

2) *Marché de monopole :* une seule entreprise contrôle le marché de fait ou de droit (monopole d'Etat, comme le tabac). Elle peut alors fixer les prix qu'elle veut — à condition que l'utilisateur puisse payer, ou qu'il ne trouve pas de produit de substitution (voir plus bas) —, limiter éventuellement les quantités mises sur le marché (la rareté entraîne la cherté), car elle bénéficie d'une « rente de situation ». Elle peut aussi baisser ses prix pour trouver de nouveaux débouchés (segment de clientèle potentielle incapable de payer un prix élevé) ; mais un « outsider », une petite entreprise dynamique peut chercher, en profitant de cette situation, à la battre sur son propre terrain (1).

3) *Marché d'oligopole :* ici, un petit nombre d'entreprises dominent le marché (2), deux solutions sont théoriquement possibles : la guerre des prix, l'entente. La

(1) A. Babeau *(op. cit.)* cite l'exemple suivant : après la deuxième guerre mondiale, la General Electric faisait peu d'efforts pour développer l'éclairage fluorescent en raison de sa position largement dominante sur le marché de la lampe à incandescence ; la société Sylvania, qui ne représentait alors que 5 % environ de ce dernier marché, saisit l'occasion pour s'emparer de 20 % du marché des lampes à fluorescence.

(2) Trois firmes font la loi sur le marché mondial du détergent : es lessiviers Procter & Gamble, Unilever, Colgate-Palmolive.

première n'est pas mise en pratique car aucune entreprise n'y a intérêt : si le prix baisse, toutes verront leur profit diminuer, car il n'est pas du tout certain qu'un accroissement des ventes sera suffisant pour compenser la diminution de bénéfice unitaire ; de plus, celle qui prendrait l'initiative ne serait pas longtemps seule sur cette position si le marché réagissait favorablement...

La seconde solution est la plus fréquente en situation d'olipogole : les firmes, importantes et peu nombreuses, préfèrent s'entendre pour fixer des prix, avec une marge bénéficiaire confortable, pour le plus grand bien de chacune, quitte à se battre sur un autre terrain : publicité, promotion des ventes, lancement de produits nouveaux — ou prétendus tels — ou encore s'entendent pour « coexister pacifiquement » en se partageant le marché, les zones d'influence. Cette entente entre firmes oligopolistes peut également jouer pour la fixation d'un prix susceptible de dissuader un concurrent potentiellement dangereux qui agirait « en solitaire », ou pour empêcher l'implantation sur le marché national d'un concurrent étranger.

Très souvent aussi, un leader se détache peu ou prou, et les autres firmes de l'oligopole ont alors tendance à suivre ses prix, en hausse (pour compenser l'augmentation des coûts de production), en baisse (pour développer le marché). C'est ainsi le cas pour des produits peu différenciés, tels que les produits alimentaires de base (huile), ou industriels (ciment, acier). Le leadership appartient à celui qui a la plus grosse part du marché, ou à celui qui jouit de la meilleure image de marque auprès du public.

4) *Marché de concurrence monopolistique :* de nombreuses firmes, concurrentes en réalité, commercialisent des produits que le public perçoit comme différents. Cela permet à chacune de se comporter en partie comme si elle était seule, en particulier pour fixer ses prix de vente. C'est le cas d'un grand nombre de produits durables ou de consommation courante, et la publicité s'efforce de

convaincre chacun que le produit est différent. Dans ces conditions, les entreprises cherchent à maximiser leur capacité de production et agissent comme si elles pouvaient seules saturer le marché, tout en tenant compte, dans la fixation des prix, de l'existence d'une concurrence de substitution (voir plus bas).

G) *Le type de produits :*

— *Produits de mode et produits industriels :* dans le premier cas, la fixation du prix est discrétionnaire dans un premier temps, car les producteurs savent qu'ils trouveront toujours une clientèle prête à « mettre le prix », pour être la première à être vue, à « lancer la mode » (1) ; ils pratiquent donc une politique d'écrémage, suivie à plus ou moins court terme d'une baisse générale des prix, ce qui favorise la pénétration par la base d'un marché prêt à suivre des « locomotives ». Si l'opération réussit, l'entreprise maximise doublement son profit.

Les produits industriels sont dans la grande majorité des cas en situation inverse : cette fois, plus d'achat d'impulsion, mais une décision prise après consultation à plusieurs niveaux (utilisateurs, prescripteurs (bureaux d'études), preneurs de décision), et comparaison de la production des firmes concurrentes. C'est que la décision engage l'avenir, puisque les matières premières et les produits semi-finis ou intermédiaires, ainsi que les biens d'équipement entreront dans la qualité et le prix de revient des produits fabriqués : le prix des produits industriels devra tenir compte au tout premier chef de ceux de la concurrence et du rapport qualité-prix des produits en lice. Par ailleurs, ils doivent impérativement être liés à des conditions compétitives de rapidité, régularité de l'approvisionnement, service après vente, aide à la mise en service, assistance commerciale dans certains cas.

— *Produits ordinaires et produits de luxe :* les firmes exploitent le snobisme et l'obsession de standing d'une partie du marché en fixant le prix des produits « de luxe » ou fabriqués avec des matières reconnues comme « nobles » (bois, verre, cuir, laine, acier...) à des niveaux beaucoup plus que proportionnels à leur valeur comparative. Ainsi, un saladier dont le prix de revient s'établit à 2 F, 6 F, 8 F, ou 20 F selon qu'il est en plastique, en verre, en bois ou en grès, sera vendu 5 F, 17 F, 30 F ou 150 F...

(1) De la même façon, les légumes primeurs atteignent des prix exorbitants : il y aura toujours assez de clients prêts à les payer.

Le même phénomène se produit avec les « bas » et les « haut de gamme » : un collant ou un produit de beauté coûteront plusieurs fois leur valeur dans le « haut de gamme », toujours pour la même raison : il existe une clientèle qui accepte de payer n'importe quel prix, sans se soucier de vérifier « qu'elle en a bien pour son argent ».

— *Produits de consommation très courante :* pain, vin, bière, cigarettes, café sur le zinc, etc. La marge de manœuvre est inexistante : les habitués, s'ils acceptent une baisse, refuseront une hausse, et la demande se portera ailleurs, sur un concurrent.

H) *La phase dans laquelle se trouve le produit :* tous les produits ont un cycle de vie passant par quatre phases principales : décollage, croissance, maturité, déclin. L'entreprise fixe un prix au départ, qu'elle modifie parfois au cours de la vie du produit, en fonction des circonstances.

— *Décollage :* deux solutions s'offrent au producteur : pratiquer une politique de prix élevé (*écrémage*, haut de gamme, etc.) ou tenter une *pénétration par la base*. C'est en fonction de tous les éléments envisagés plus haut (type de marché, type de concurrence, type de produit, conjoncture économique, coût du produit (1), capacité de production, image de l'entreprise), que la décision sera prise.

— *Croissance :* le produit se développe peu à peu sur le marché ; selon qu'il a suscité l'apparition de produits concurrents ou non, l'entreprise maintiendra son prix, ou au contraire devra s'adapter aux nouvelles conditions du marché. Dans le premier cas, il s'agit de modifier le prix en baisse pour gêner ou éliminer la concurrence et en même temps augmenter le volume des ventes, ou intéresser un nouveau segment de clientèle. Dans le deuxième cas, l'entreprise peut souhaiter relever son prix pour maintenir son taux de profit (les coûts ayant augmenté), ou encore pour accroître sa rentabilité, mais également pour améliorer son image : la condition nécessaire pour que le marché accepte cette hausse est que le produit laisse apparaître des améliorations par rapport à l'ancien modèle (performances accrues, nouvelles formes « design », emploi de matériaux plus flatteurs...).

— *Maturité :* c'est là une période critique pour le produit, en butte aux attaques des derniers modèles parus, souvent

(1) Cf., pour plus de détails sur ce point, S. Koskas *et al.*, *op. cit.*, p. 199 et suiv.

plus flatteurs pour le public ; l'entreprise peut alors essayer de conserver sa part de marché en baissant le prix suffisamment pour dissuader la clientèle d'acheter les concurrents. Dans le cas où l'entreprise elle-même s'apprête à commercialiser un produit qui remplacera le précédent, elle peut, si les stocks sont importants, « tuer » le produit déclinant en le proposant une dernière fois, à un prix de liquidation ; mais c'est là un cas extrême de modification de prix.

I) *La demande*, qui varie en fonction de nombreux éléments : prix, image du produit, etc.

— *Elasticité de la demande :* on peut dire qu'en général une augmentation du prix d'un produit tend à faire baisser la demande, et qu'inversement, une diminution l'accroît... bien que l'inverse se produise parfois : la baisse de prix « déprécie » le produit aux yeux d'une certaine catégorie de clientèle, la hausse lui donne une meilleure image. On appelle élasticité de la demande au prix, le rapport des accroissements relatifs des deux variables : $e = \frac{\Delta D}{D} \Big/ \frac{\Delta P}{P}$.

Cela signifie qu'à une variation de prix en hausse ou en baisse, va correspondre une variation de la demande qu'il est important de connaître ou de prévoir. Pour certains types de produits, c'est facile : ce sont en effet des produits de grande consommation de base, ou des produits industriels de première nécessité, dont la demande est dite inélastique (1) : elle est constante quelle que soit la variation du prix : $e = 0$ car $\Delta D = 0$.

Dans la plupart des cas, cependant, $e < 0$, mais à partir d'un certain seuil seulement, que l'entreprise va s'efforcer de déterminer afin de fixer son prix « dans les limites du supportable ». La sanction du dépassement de ce seuil ne se fait d'ailleurs pas attendre : la clientèle — ou une partie d'entre elle — se tourne vers les produits de substitution, qui lui procurent à moindre prix une satisfaction plus ou moins comparable (2).

(1) Sel, cigarettes, énergie (essence, électricité)... à condition que le producteur soit en position de monopole ou qu'il existe une entente entre les producteurs. C'est aussi le plus souvent l'Etat qui se réserve ce monopole de droit pour remplir ses caisses par la vente (tabac, gaz, électricité), ou l'impôt (essence, alcool).

(2) On parle aussi d'élasticité croisée de la demande, soit, pour un même segment de clientèle, la relation entre la variation de

— *Acceptabilité du prix :* partant de la constatation que certains n'acceptent pas d'acheter *au-dessus* d'un certain prix, alors que d'autres ont le même comportement *au-dessous* d'un certain prix, les premiers trouvant qu'à ce prix c'est trop cher payé, les autres, qu'en dessous de ce prix le produit ne peut pas être bon, l'entreprise doit chercher à connaître les limites « acceptables » par un nombre suffisant d'acheteurs pour que son activité soit rentable.

Elle procédera en pratique de la façon suivante : on demandera à un échantillon représentatif de la clientèle potentielle du produit quel est le prix maximum qu'il est prêt à payer et quel est le prix en dessous duquel il refuserait d'acheter, la qualité semblant trop médiocre. On peut, à partir de ces données, établir plusieurs graphiques permettant de voir quelles sont les limites approximatives de la « fourchette d'acceptabilité du prix par le plus grand nombre » (1).

J) *Facteurs purement psychologiques :*

— *Prix « ronds » :* ce sont ceux qui se terminent par 0 ou 5 (lorsqu'ils sont faibles, comme 40 ou 85) ou par plusieurs 0 (lorsqu'ils sont élevés, comme 4 000 ou 8 500) ; ces prix ont d'une façon générale la faveur du

prix d'un produit et la variation de la demande d'un autre produit. Sa connaissance permet de déterminer les produits de substitution et les produits complémentaires : si l'élasticité croisée est positive, on aura, selon qu'elle est élevée ou faible, des substituts très proches (margarine et beurre), ou éloignés ; si l'élasticité croisée est négative, on sera en présence de produits complémentaires, dont la baisse de prix de l'un (appareils photographiques, magnétophones à cassettes) entraînera une demande accrue de l'autre (pellicules, cassettes). Il est donc important pour l'entreprise de connaître cette élasticité.

(1) La prise en considération de la demande (élasticité et fourchette d'acceptabilité des prix) présente des avantages certains, car elle tient compte des réactions connues (produits existants) ou que l'on essaie de prévoir (produits nouveaux) de la part des acheteurs potentiels. Mais ce type d'enquête est artificiel en ce sens que le produit ne se trouve pas, comme ce sera le cas quand il sera en vente, entouré de ses concurrents, plongé dans l'environnement commercial habituel (campagne de publicité, de promotion, influence des prescripteurs, distributeurs, conjoncture économique du moment, etc.). Enfin, mais c'est là un défaut inhérent à toute enquête quelle qu'elle soit, les interviewés ne sont pas engagés par leurs réponses : ils peuvent donc « rationaliser » bien davantage que lorsqu'ils se trouveront en situation réelle d'achat.

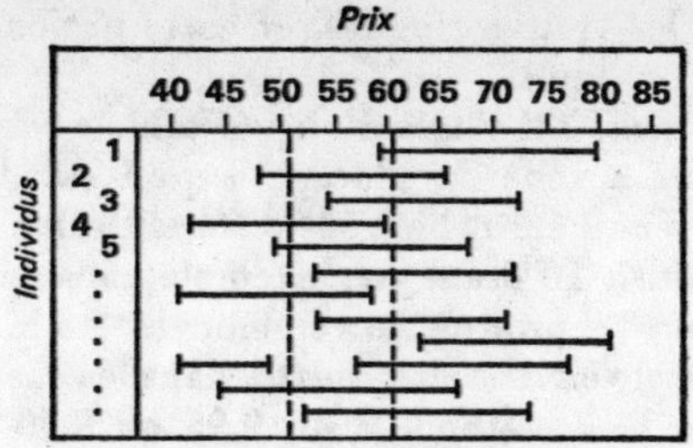

Fig. 12. — Détermination de la zone d'acceptabilité du prix de vente

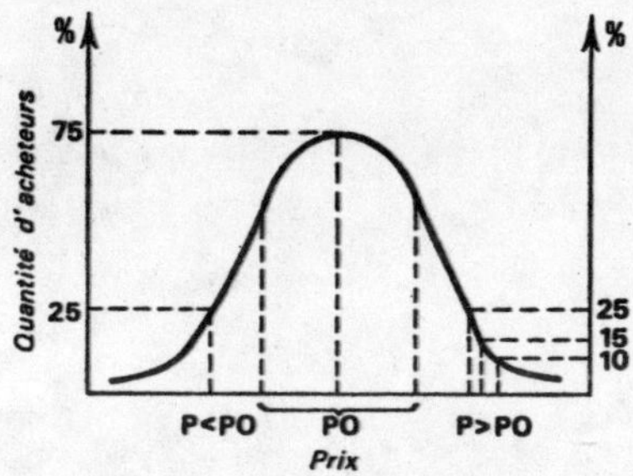

Fig. 13. — Zone optimale d'acceptabilité du prix de vente PO

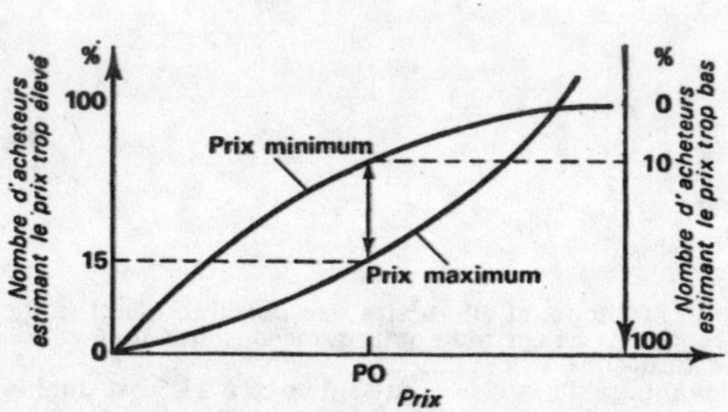

Fig. 14. — Dans cet exemple le prix PO est jugé excessif par 15 % des personnes et insuffisant par 10 % d'entre elles : 75 % l'estiment donc acceptable

public qui les trouve simples, et cette notion est liée à celle de prix seuil.

— *Prix seuil :* il s'agit d'un véritable « seuil psychologique » ou « zone de blocage » qu'il est difficile de franchir, le seuil étant bien sûr différent selon le type de produit. Ainsi, 10 étant par exemple considéré comme un seuil pour tel produit, le vendeur restera le plus longtemps possible en dessous, quitte, dans les cas extrêmes, à employer la « méthode » du 9,95 ou 9,90 (1). Puis, lorsque le prix devra être relevé, on constate que 11,50, par exemple, rebute moins l'acheteur que 10,50, trop proche de 10 (2).

(1) Cette méthode, si elle attire une certaine quantité de clients, peut en repousser un certain nombre, mécontents de se voir « prendre pour des imbéciles ».

(2) L'avantage de sauter d'un seul coup à 11,5 est double : d'une part, le vendeur, par une marge plus importante, compense le manque à gagner de la période antérieure pendant laquelle il a maintenu 9,50, et celui qui sera dû pendant un certain temps au refus d'une partie de la clientèle de payer plus de 10. D'autre part, en fixant le prix à 11,50, il s'éloigne suffisamment du seuil pour que celui-ci perde un peu son statut de référence absolue.

CHAPITRE VI

LE LANCEMENT DES PRODUITS

« Ickpling glofftbrobb squutserumm blhiop mlashnalt zwin tnodbalkguffh shliophad gurdlubh asht. »

Lorsqu'on parle de produits nouveaux, il peut s'agir :

— de l'utilisation nouvelle d'un produit existant ;

— de la modification, dans son apparence, d'un produit existant (biens de consommation) ;

— de la modification de fond d'un produit existant (amélioration de certaines caractéristiques, accroissement des performances, abaissement du coût de fabrication par l'emploi d'autres matières ou de procédés techniques différents...) ;

— d'invention de produits réellement nouveaux (stylos à bille, cafés et potages déshydratés, transistors, circuits intégrés, etc.).

L'entreprise peut chercher en permanence des idées de produits nouveaux. Mais d'autres circonstances les génèrent ou accélèrent leur recherche :

— une idée surgit brusquement, parce que ses prémisses étaient « dans l'air » depuis un certain temps (1) ;

— le changement de technologie l'impose (ordinateurs

(1) Plusieurs inventions ont ainsi été faites en même temps, à différentes époques, par des chercheurs éloignés, sans aucun lien entre eux. De nos jours, la diffusion par les mass media de tout ce qui se passe partout favorise encore ce phénomène, d'autant plus que le nombre de « chercheurs » est très élevé.

de la 2e puis de la 3e génération, et bientôt de la 4e) ;

— le marché l'exige (il en va ainsi chaque année de la mode, qui doit se renouveler, du Salon de l'auto, qui doit présenter de nouveaux modèles, etc.) ;

— les services de recherche travaillant dans plusieurs directions mettent au point une idée réalisable de produit vendable (1) ;

— la surveillance constante du marché montre qu'il est mûr pour accueillir un produit dont on a l'idée depuis un certain temps, ou dont on peut acquérir le brevet de fabrication.

Pour se concrétiser en produits vendables, les idées subissent un « filtrage » et une analyse dont les étapes sont :

— *l'évaluation de l'environnement général* (économique, commercial, technologique, législatif, social...) ;

— *l'évaluation de la demande potentielle* éventuelle : différents segments de clientèles concernés, acceptabilité de l'idée de produit, coût de la distribution et niveau de prix de vente, etc. ;

— *l'évaluation de la concurrence*, directe et de substitution, vis-à-vis du produit et de la fonction assumée : part de marché, prix, image de marque, notoriété, phase de vie, etc.

Lorsqu'il s'agit de produits réellement plus ou moins nouveaux, la tâche est difficile. En matière industrielle, on procède à l'interview approfondie de prescripteurs, experts, « utilisateurs représentatifs » ayant suffisamment de hauteur de vue, ainsi qu'à celle d'utilisateurs « de base », pour les détails dont ils sont seuls à souffrir — et donc à remarquer et à chercher parmi les produits concurrents. En matière de biens de consommation, courants ou anomaux, des études de motivation sont indispensables pour savoir, d'une part, si la clientèle potentielle est prête à accepter le produit — c'est-à-dire à l'acheter *à la place* de ceux dont elle se sert

(1) Ce sera le cas lorsqu'on arrivera à fabriquer à bon marché les matières plastiques bio-dégradables dont on a tellement besoin, en leur conservant l'essentiel de leurs qualités d'utilisation.

jusqu'à présent —, et d'autre part, comment le « positionner » (1).

A partir de ces analyses d'offre et de demande potentielles, l'entreprise évaluera ses possibilités matérielles (capacité actuelle de fabrication, rentabilité prévisible des investissements éventuellement nécessaires, etc.) à partir, entre autres éléments, de la durée de vie probable du produit (mode, obsolescence technologique...) et du profit qu'il pourrait générer — compte tenu du « prix d'entrée » sur le marché (2), de la politique commerciale pratiquée (écrémage, pénétration par la base...), de la part de marché escomptée, etc.

Si les prévisions faites à partir de ces analyses s'avèrent positives et engageantes, l'entreprise entamera la deuxième phase du processus :

- **— *mise au point* d'un *prototype* ou du *produit définitif* selon le cas — avant et après que l'on ait effectué certains tests de produits (voir chap. III) ;**
- **— *mise au point* à partir des études et des tests, du *conditionnement* du produit (dans le cas des biens de consommation) ;**
- **— *choix d'un nom* approprié (voir chap. V) ;**
- **— *fixation du prix de vente* (voir chap. V) ;**
- **— *détermination* de la forme et des moyens de *communication publicitaire :* positionnement du produit, choix des media et des supports adaptés aux segments de clientèles visés ;**

(1) Positionner un produit, c'est le présenter (par exemple dans la communication commerciale) comme *répondant aux attentes* (préalablement déterminées par les études en amont) de la clientèle potentielle visée. Ce concept est fondamental car ce qui, pour le fabricant, n'est qu'un assemblage de matières (le produit cosmétique contre les rides), est, pour la clientèle, du rêve (l'espoir d'être belle). C'est pourquoi on se trompe très souvent de cible lorsque l'on positionne du point de vue du producteur : Gillette, qui occupe une très forte position sur le marché des produits de toilette pour hommes, lança le déodorant Rightguard en le positionnant comme « déodorant pour hommes », et s'assura en six ans 26 % du marché... jusqu'au moment où on découvrit que beaucoup de femmes l'achetaient aussi pour elles-mêmes : le repositionnement en « produit familial » et la campagne publicitaire chargée de véhiculer le nouveau message aboutirent, en un an, à procurer à l'entreprise 42 % du marché. De la même façon, Dupont de Nemours lança le revêtement en « téflon » des poêles et casseroles comme une solution idéale pour cuisiner *sans matières grasses*, puisque le produit est anti-attachant. Ce positionnement imprudent eut pour résultat de limiter la clientèle à ceux qui suivaient un régime sans matières grasses. Un repositionnement en *batterie de cuisine qui n'attache pas et n'a pas besoin d'être récurée* élargit considérablement en quelques mois la clientèle touchée.

(2) Dans certains cas très élevés, c'est le seuil au-dessous duquel on n'a aucune chance de percer. Le lancement en France de la lessive Ala a nécessité un investissement publi-promotionnel de plus de 25 millions de francs en 1968-1969, et celui de l'hebdomadaire *Le Point*, 10 millions de francs en 1972-1973.

— *lancement du produit* (1) : ce qui signifie tout d'abord, motivation de la force de vente du producteur et des distributeurs, grossistes et détaillants (par exemple en les informant en toute priorité, et en les intéressant au succès de l'opération par des avantages financiers, etc.) ;
— établissement de l'argumentaire de vente, pour tous les produits autres que ceux de grande consommation courante ;
— information préalable des prescripteurs et leaders d'opinion ;
— mise en place du produit chez tous les revendeurs ;
— lancement de la campagne publicitaire, accompagnée le cas échéant de la campagne de promotion des ventes qui « poussera » le produit de consommation ;
— *surveillance et contrôle de la phase d'introduction* du produit sur le marché : comment le produit se compare-t-il aux concurrents ? Après un premier essai le rachète-t-on ? Quelle est sa notoriété et son image après la période considérée comme probatoire ? Quelle est la position des distributeurs ? Quelle est la réaction de la concurrence ? Les produits de grande consommation sont utilement suivis par l'intermédiaire des panels (voir chap. II).

De façon schématique, on distingue *plusieurs stratégies de lancement :*

— La stratégie du *pionnier*, où l'entreprise crée un produit et son marché, en investissant temps et argent en recherches, études, mises au point, avec le risque de tout perdre, ou de tout gagner, si elle arrive à imposer ses produits.

— La stratégie du *train en marche*, où l'entreprise ne se risque qu'en phase de croissance du produit qu'elle va imiter, en le commercialisant alors très vite, avant que le premier ait acquis une position trop forte... mais si d'autres ont la même idée, ils accéléreront la ma-

(1) Une question très importante se pose à ce propos : *quand lancer un produit ?* Trop tard, les concurrents auront pris l'avantage ; trop tôt, le marché n'est pas mûr pour profiter des avantages réels du produit. Les entreprises capables de déceler le moment favorable au décollage bénéficient alors d'un avantage, surtout sur les marchés de consommation, où les quantités vendues sont énormes. Mais on peut aussi échouer en croyant bien faire : Ford mit en chantier la conception et la réalisation, en 1955, du modèle Edsel, car le marché était favorable aux fortes cylindrées ; mais deux ans plus tard, le vent avait tourné et le marché avec lui, préférant les voitures plus économiques : Ford y perdit 250 millions de dollars, qu'il se hâta pourtant de récupérer avec la Falcon, modèle compact qui se vendit au contraire extrêmement bien.

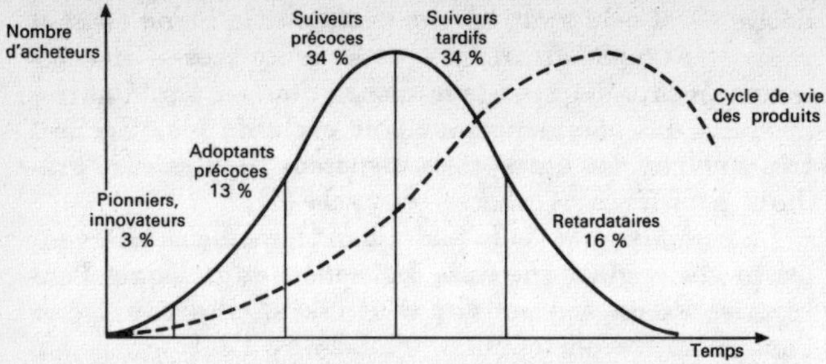

Fig. 15. — Les acheteurs de produits nouveaux (D'après E. M. Rogers, *Diffusion of innovations*, NY, The Pree Press of Glencoe, 1962, Roger & Shoemaker, 1971, Rogers, 1976)

turité, voire la saturation et le déclin du marché-produit.

— La stratégie de *segmentation*, où l'entreprise préfère attendre que la forte pénétration d'un produit sur le marché provoque une différenciation de la demande : dans un marché très concurrentiel, la firme doit alors appliquer une démarche rigoureuse de marketing, pour déceler les segments de marché inexploités ainsi que ceux qui le sont mal, et leur proposer les variantes du produit qu'ils désirent.

— La stratégie *me too* (moi aussi), dont les adeptes sont des entreprises capables surtout d'apporter des améliorations, parfois très notables, à des produits existants, déjà très demandés : le cas le plus typique est celui de l'industrie japonaise de biens durables de haute technicité (appareils photographiques, radios, magnétophones, automobiles...) qui a mis sur le marché mondial de nombreux appareils *meilleurs* et *moins chers* que ceux que fabriquent les autres pays industrialisés — qui les ont inventés.

Une fois les produits lancés, la tâche de l'entreprise va être de les pousser pendant les phases de décollage et de croissance, de les affermir pendant la phase de maturité, de les redresser au moment de la saturation et du déclin — si cela vaut momentanément la peine et peut rapporter un peu de profit — de les remplacer — en accélérant éventuellement leur disparition — par d'autres produits qui commenceront leur cycle de vie. En fait, très souvent, les entreprises disposent de plusieurs produits à différentes phases du cycle (1).

La connaissance de la phase dans laquelle se trouvent les produits ainsi que celle du secteur dans lequel l'entreprise exerce son activité sont essentielles pour gérer l'ensemble du portefeuille, c'est-à-dire l'entreprise. Un portefeuille équilibré est un facteur de réduction des risques : cela signifie que l'on essaiera d'éviter l'habituelle « fatalité » du 20/80 et on cherchera à disposer en même temps de produits en phases 0, 1, 2 et 3, le bénéfice procuré par les derniers permettant de financer les premiers. Pour éviter de se laisser enfermer dans des secteurs ou activités en phase 3, l'entreprise doit innover, se diversifier, être en permanence à la recherche d'occasions favorables de développement.

(1) Cf. le Dossier 78, in *Stratégies* de décembre 1974, sur l'analyse de l'échec du lancement d'un certain nombre de produits de grande consommation.

CHAPITRE VII

LE MARKETING DES ORGANISATIONS NON COMMERCIALES

« El dia de sabbad, al campo fuimos... »

« Diriger le syndicat des « United auto workers », le Département de la Défense, la Fondation Ford ou Rockefeller, la Banque mondiale ou l'Université de Californie représente une tâche au moins aussi ardue que la gestion de Procter & Gamble, General Motors ou General Electric ; ces organisations non commerciales étendent sans cesse leur champ d'influence ; elles intéressent autant d'existences et tiennent autant de place dans l'opinion que les plus grandes firmes. » Toutes ces organisations comportent les fonctions classiques de l'entreprise : la fonction financière, chargée d'assurer la collecte, la gestion et la répartition des fonds ; la fonction de production, chargée d'assurer l'utilisation optimale des moyens en vue de la réalisation de l'objet de l'organisation ; une fonction de personnel, dont le rôle est de recruter, former, affecter et promouvoir le personnel dans le cadre des activités de l'organisation ; une fonction d'approvisionnement ayant pour mission d'acheter dans les meilleures conditions les fournitures nécessaires, grâce à la comparaison et au choix des fournisseurs. « Il est tout aussi manifeste que toute organisation exerce des activités relevant du marketing, même si elles ne sont pas reconnues comme telles » (1). Et les auteurs de ce texte de citer la campagne organisée par le service de police d'une grande ville des Etats-Unis pour « gagner des amis et influencer la population », c'est-à-dire essayer d'améliorer leur image ; les mesures prises par le conservateur du « Metropolitan Museum of Art » de New York pour accroître le nombre de visiteurs, et l'action des écoles publiques d'Oklahoma City pour intéresser les parents à leur action.

(1) Ph. KOTLER et S. LÉVY, Broadening the concept of marketing, in *Journal of Marketing*, janvier 1969 (cf. également Michel BABO, Un esempio di ricerca di mercato per un ente pubblico, *Metra*, 4/1971).

Ces démarches sont logiques : les organisations non commerciales ont affaire à un public, elles produisent des idées, des services, elles ont des ressources ; mais leurs ressources ne sont pas illimitées et elles doivent satisfaire leur public, répondre à leur attente. Il y a donc réunis tous les éléments qui justifient l'adoption du marketing, qui, rappelons-le, est essentiellement une démarche rigoureuse, une méthode, dont le résultat est « connaître pour agir ». Les organisations non commerciales doivent elles aussi « maximiser le résultat de leur effort ».

I. — Marketing électoral

Il s'agit dans ce domaine de deux choses : donner d'un parti, d'un candidat, l'image la plus favorable possible, créer à leur égard un courant de sympathie ; convaincre les électeurs de voter pour ce candidat, et obtenir le plus grand nombre de voix possible. Deux grandes phases typiques de la démarche de marketing sont à distinguer :

— *Procéder à « l'étude de marché » de l'électorat :* on cherchera à connaître quels sont les souhaits et les aspirations, les motifs de satisfaction et d'insatisfaction des électeurs ; l'image du candidat et de son parti auprès du public ; les processus de décision, de choix en faveur de tel candidat (en fonction de quoi vote-t-on ou s'abstient-on lorsqu'on hésite...) ; on essaiera, mais ce n'est pas facile, de mettre sur pied une *typologie* des différentes sortes d'électeurs, d'après leur tempérament (libéral, progressiste, conservateur, autoritaire, individualiste...), beaucoup plus déterminant pour leur choix final que les habituelles segmentations (1) par sexe, âge, type d'habitat, etc.

— *Mettre au point la campagne proprement dite :*

— établir un argumentaire spécifique pour chaque cible type visée, en particulier pour les électeurs du « marais », si difficiles à concaincre et qui votent le

(1) Une première distinction est cependant à faire entre les acquis à l'avance, ou inconditionnels, ceux qui, au contraire, voteront toujours contre, quelles que soient les circonstances, et les indécis, l'éternel « marais », si décrié mais si nécessaire souvent pour faire « l'appoint » des voix et l'emporter : c'est sur lui que doit se concentrer tout l'effort du candidat.

plus souvent « négativement » : *par peur* de quelque chose, et non pas *pour* quelque chose...

— définir les axes (puis les thèmes) de la campagne : s'appuiera-t-on avant tout sur un point, son idéologie, ses idées de faire ou de ne pas faire ? ou bien sur le candidat, sur sa personnalité, la sympathie qu'il inspire ?

— *choisir les moyens propres à faire « passer le message »*, à faire connaître ce que l'on propose : par la publicité directe, de bouche à oreille, les contacts dans la rue, le porte-à-porte des militants, les réunions électorales, la distribution de brochures soigneusement rédigées, argumentées, imprimées (il ne faut pas qu'elles aient l'air de tracts ronéotypés à la hâte) ; par la publicité générale dans les « mass media », les supports étant choisis en fonction des habitudes de lecture et d'écoute des électeurs des différentes cibles — tout comme on met au point un plan de media pour lancer un produit — et en fonction de toutes les « ficelles » psychologiques, bien connues désormais, à employer (couleurs, environnement dans lequel le candidat est présenté, etc.).

II. — Marketing d'une ville

Les problèmes de Poitiers étaient ceux de toute ville moyenne du centre de la France : « Pas tout près de Paris, pas très proche de la mer, loin des montagnes, peu remarquable par ses sites, riche de belles maisons dans les vieux quartiers (mais qui s'en soucie encore), longue et ennuyeuse à traverser par la RN 10, bourgeoise en diable. Poitiers est d'avance considérée comme une ville peu amusante, où personne n'a envie d'aller vivre, et dont les Poitevins eux-mêmes finiraient par s'en aller doucement. A l'intérieur comme à l'extérieur l'image de Poitiers est mauvaise (...) (1).

(1) Gérard LEROY, Comment Poitiers résout ses problèmes économiques grâce au marketing, in *Marketing*, novembre 1970.

Les édiles de Poitiers décidèrent d'aborder la question à partir d'une démarche type de marketing (1). Et tout d'abord par une étude approfondie sur les motivations et les freins d'une décentralisation industrielle :

— pourquoi un chef d'entreprise décide-t-il de se décentraliser ?
— comment choisit-il le lieu futur de son activité ?
— qu'attend-il de la ville qui l'accueille ?
— qu'en pensent ses cadres et les femmes de ses cadres ?
— quel compte le chef d'entreprise tient-il de cette opinion ?
— quelles sont les caractéristiques rédhibitoires d'une ville ?

Un cabinet de marketing fut chargé de l'étude. L'enquête mit au jour les motivations et les freins à la décentralisation ainsi que les caractéristiques que devait réunir une ville pour en bénéficier :

— les industriels cherchent d'abord une possibilité d'expansion, et ils associent décentralisation et développement ;
— la main-d'œuvre de province, vue de Paris, est jugée plus stable, plus laborieuse, et logée sur place, point favorable ; les salaires moins élevés compenseront l'investissement éventuel en formation du personnel nouveau ; de plus, l'origine rurale d'une partie de la main-d'œuvre semble une garantie de paix sociale ;
— les conditions de vie : hors de Paris, on vit plus calmement, il est plus facile de se loger ;
— parmi les autres motivations découvertes, il y avait : se rapprocher d'un fournisseur ou d'un client, réaliser un bénéfice substantiel sur les terrains et locaux libérés en région parisienne, devenir un notable local et faire carrière dans la politique, etc.

Parmi les freins, on a constaté que :

— la main-d'œuvre, pourtant un des éléments moteurs de la décentralisation, figurait au premier rang : on pense qu'il est difficile de trouver un personnel spécialisé ; on craint son instabilité, en raison de la surenchère inévitable si de nombreuses entreprises s'installent au même endroit ; on craint l'absentéisme d'une main-d'œuvre d'origine rurale au moment des foins, des blés ou des vendanges ;
— le logement des cadres est aussi objet de crainte : trouveront-ils à se loger à leur goût ?

(1) Dans les années 50, le Vendômois André Boulle avait inventé le slogan « Installez-vous dans la chlorophylle », pour inciter les industriels parisiens à « émigrer » dans le Loir-et-Cher.

— l'éloignement de Paris est redouté de tous : considéré comme le centre de tout en France (affaires, administration), on pense que c'est un « label » indispensable pour de nombreux produits — surtout à l'exportation — et que la clientèle étrangère ne se dérangera pas en province ;
— les communications sont aussi un frein majeur : le train dessert mal les liaisons transversales en province ; quant au téléphone, « la moitié de la France attend une ligne, l'autre moitié attend la tonalité »... et on pense que c'est pire en province...
— les cadres regretteraient Paris : pour les loisirs, plus nombreux dans la capitale, pour leur carrière, qu'ils y croient plus brillante, pour les études des enfants.

L'étude a montré que les industriels préféraient avoir affaire aux organismes locaux, et plus particulièrement aux municipalités, à qui ils demandaient :
— d'offrir une zone industrielle complètement viabilisée et en partie occupée (pour donner plus de vraisemblance à l'offre) ;
— de proposer un réseau de communications complet (autoroutes, voies ferroviaires et fluviales, aérodromes pour tous les types d'appareils et le vol par tous les temps, téléphone automatique et télex) ;
— d'apporter des aides matérielles et financières ;
— de fournir une main-d'œuvre correspondant aux exigences de l'entreprise, et de pouvoir faire état d'un « climat social rassurant ».

L'enquête a permis de connaître, enfin, les villes qui seraient le plus souhaitées... ce qui a permis de constater que Poitiers ne s'y trouvait pas, et ne correspondait que partiellement à l'image décrite par d'éventuels décentralisés.

La phase « connaissance de la demande » étant alors terminée, la ville allait entamer la phase « action sur la demande » : se mettre en conformité avec cette image, et le faire savoir.

En quelques années, Poitiers a répondu à la quasi-totalité des souhaits des futurs décentralisés :
— une ville neuve a été construite à côté de la ville historique, à côté d'un campus universitaire ;
— la ville a pris à sa charge une part du financement du tronçon de la future autoroute A 10, celui qui contournera l'agglomération (1) ;

(1) Elle a ainsi fait d'une pierre deux coups : ceux qui passeront sans s'arrêter ne seront plus gênés par la longueur de la traversée de la ville et n'emporteront plus une image négative ; la déviation de contournement va de la zone industrielle nord à la zone industrielle sud, les deux en profitant pour leurs transports.

— un centre commercial de gros, desservi par un embranchement de ce « périphérique », évite l'entrée en ville des gros poids lourds, tout en facilitant l'approvisionnement des détaillants ;
— un aéroport permet des liaisons régulières avec Paris et d'autres villes de province ;
— deux zones industrielles ont été aménagées et viabilisées.

En plus des efforts consentis sur le plan de l'équipement industriel et commercial, les enseignements de l'étude de motivation ont été mis à profit ;

— on y trouve une piscine et une patinoire olympiques ; un terrain de golf, une cinquantaine de courts de tennis, plusieurs gymnases couverts et un centre équestre ;
— on compte, outre un théâtre et une « maison des jeunes », 37 associations culturelles et un Centre culturel regroupant tous les musées de la ville ;
— la ville a créé un Office de documentation industrielle (ODI 2000) qui rassemble une des plus importantes « collections » disponibles en France, doté d'une photothèque et d'une cinémathèque parmi les meilleures du pays ;
— la municipalité encourage et suscite la tenue de congrès et de « journées » (du cinéma, festival « film et formation »...).

Grâce à une démarche de marketing et à des actions appropriées, Poitiers a réussi en quelques années à améliorer son image, à attirer les industriels (Michelin, Compagnie des Compteurs, Piles Leclanché...) et à faire parler de ses manifestations sportives et culturelles... sans la mer et sans la montagne (1).

III. — L'Armée et le marketing

L'Armée de terre, l'Armée de l'air et la Marine souhaitent recruter, d'une part, mais également donner au public en général la meilleure image d'elles.

L'Armée de l'air jouit du prestige attaché à l'aviation : technicité, modernisme... tout comme l'aviation civile d'ailleurs.

(1) Le Futuroscope, créé en 1984 à Poitiers, est un « parc de loisirs » voué à l'image, avec salle interactive, cinéma kaleïdoscopique, plus grand écran d'Europe... Autour du parc on a créé des bureaux, des hôtels, des logements neufs, une université... et plusieurs milliers d'emplois.

La Marine dispose aussi d'un certain capital d'attrait : appel du large, des grands espaces, du voyage à l'autre bout du monde... Elle n'en fait pas moins appel dans les années 80 à une agence de communication extérieure.

Mais c'est l'Armée de terre qui fait appel en 1986, pour la première fois dans son histoire, à deux conseils en communication extérieurs (1).

La communication existe cependant depuis des années dans l'Armée, sous la forme du SIRPA (Service d'information et de relations publiques de l'armée) (2) auquel est rattaché l'ECPA, l'Etablissement cinématographique et photographique des armées. En plus du SIRPA central et des états-majors, on trouve au niveau régional des « officiers de relations publiques », et au niveau local des « officiers chargés de relations publiques ».

La mission du SIRPA est triple :

— participer à l'information sur la politique militaire de défense, en particulier auprès des relais d'opinion (par exemple les journalistes), en fournissant « en temps réel » des revues, analyses et synthèses de presse ;
— informer le grand public à l'aide de produits d' « information lourde » écrits (*Armées d'aujourd'hui*, mensuel diffusé à 130 000 exemplaires ; brochures diverses, dont celle qui concerne le Service national (1 million par an)) ; et audio-visuels (magazines vidéo en collaboration avec les chaînes de télévision — « Horizons » —, coproductions thématiques et séries pédagogiques, et un projet de radio locale) ;
— gérer l'image des armées, et plus précisément « élaborer et gérer le schéma directeur pluriannuel de communication interarmées qui tient compte de l'évolution du contexte médiatique et de l'état de

(1) Intelligences et Media System, toutes deux filiales du Groupe Publicis.

(2) Il comprend 7 « grandes directions » : Délégation générale pour l'armement, Armée de terre, Armée de l'air, Marine nationale, Gendarmerie nationale, Service de santé des armées, Service national.

l'opinion » : il doit pour cela veiller à l'harmonie des différentes actions de communication et à leur cohérence, et également assurer la formation à la communication des personnels des armées.

En s'adressant à ces deux agences de communication, l'Armée de terre souhaite non seulement donner une image dynamique d'elle, mais attirer les recrues. On mettra pour cela l'accent sur sa technicité et sa composante humaine, en insistant sur la diversité des métiers. « Nous voulons modifier profondément l'iconographie que nous utilisons, dans le style des news magazines » — sans que pour autant les films TV réalisés ressemblent « à des pubs pour des savonnettes ; ce ne sera pas de la retape » (1).

Tout cela signifie bien que l'Armée a aussi compris, et depuis un certain temps déjà, que pour attirer des jeunes, il faut leur montrer qu'on sait être de leur temps, et qu'on dispose pour cela d'un certain nombre d'outils relevant du marketing.

(1) Cf. *Médias*, n° 172 du 23 janvier 1987, p. 66-67.

CONCLUSION

LE CONSUMÉRISME

Cy n'entrez pas, hypocrites bigots,
Vieux matagotz, marmiteux, boursouflés
Torcoulx, badaux, plus que n'estoient les Gotz
Ny Ostrogotz, précurseurs des magots
Haires, cagots, cafars empantouflez
Gueux mitouflez, frapars escorniflez
Befflez, enflez, fagoteurs de tabus
Tirez ailleurs pour vendre vos abus.

(*Gargantua*, chap. LIV.)

Nous venons de voir que le marketing est une méthode avant tout, et que ses techniques variées peuvent être mises au service de n'importe quelle cause, fût-elle désintéressée. Mais pour le public, le marketing et ses techniques ont pris, en raison des nombreux abus commis par les « organisations à but lucratif », une connotation nettement péjorative qui se traduit, entre autres façons, par le développement des mouvements de défense des consommateurs, le *consumérisme*. Faut-il s'en étonner ?

« Compte tenu de la grande variété des produits qui sont simultanément en vente sur les marchés (...), les clientèles sont quasiment affolées et de moins en moins capables d'apprécier et de contrôler la qualité de ce qu'elles achètent. Dans ce désarroi, la publicité sur les marques offre une solution providentielle : c'est de faire confiance à une firme (...). Ainsi, dans une situation de confusion et d'insécurité, le nom de marque propose par des moyens symboliques la sécurité et la possibilité d'exercer, même fictivement, une liberté de choix. Nous disons « fictivement » puisque de plus en plus, les technologies se copient et s'alignent les unes sur les autres — donc, dans un même secteur, les produits concurrents tendent à avoir les mêmes performances — et que d'autre part, les entreprises de grande taille n'hésitent pas à contrôler un marché en lançant parallèlement plusieurs marques pour un même produit et en organisant un jeu fermé en régime de pseudo-concurrence » (1).

Sur la place publique, le débat tourne essentiellement autour du rapport qualité-prix (pourquoi payons-nous plus cher pour moins de produit ou pour un produit de qualité moindre ?) et de la publicité, omniprésente à toute heure du jour et de la nuit.

On comprend très bien que tout producteur ait besoin, pour vendre son produit, de le faire connaître, c'est-à-dire d'informer le public de son existence, de ses qualités, du lieu où on peut le trouver et du prix à payer. Mais la réalité — les abus dont nous parlions plus haut — est tout autre. Et pour commencer, les professionnels honnêtes affirment clairement : « Les fausses définitions annoncent les fausses sciences. On dit et on écrit que la publicité est une *information*, alors que c'est une *incitation* comme tout acte qui concourt à développer la vente » (2). Et malgré qu'en aient une grande partie des annonceurs, les consommateurs conscients, et il y en a de plus en plus, pensent ceci :

— il y a trop de publicité à la télévision : 64 % et 93 % des lecteurs de deux grands quotidiens français en 1972 ;
— « il faudra le dire et le répéter : jamais le monde n'a connu une telle entreprise de crétinisation ;
— la publicité est l'instrument par excellence qui sert à asseoir la domination des producteurs sur les consommateurs ;
— la publicité exerce le mécénat le plus implacable de l'histoire de l'humanité... » (3).

Déjà Georges Duhamel, de retour des Etats-Unis il y a cinquante ans, disait, en parlant de la publicité, qu'elle traitait l'homme « comme le plus obtus des animaux inférieurs » et lui prêtait « les réflexes d'un mollusque sédentaire » (4).

A la publicité, on reproche de renchérir le prix des produits, de mentir, d'accélérer l'obsolescence — et d'augmenter ainsi indirectement le coût des produits —, de promouvoir des biens innécessaires, des « gadgets », « d'accroître le mécontentement et de favoriser les tensions des consommateurs en répandant l'image d'une vie facile et en présentant fréquemment des

(1) Ces paroles ne sont pas celles d'un consommateur en colère, mais celles du vice-président de l'Association nationale pour le Développement des Techniques de Marketing (ADETEM) : Guy SERRAF, *Marketing et stratégie des produits*, p. 405, Publi-Union, 1974.

(2) Maurice VIDAL, *Publicité et gestion*, Dunod, 1972.

(3) Cité dans *Les communications de masse*, p. 401-402, CEPL, Paris, 1972.

(4) Cité par P.-L. REYNAUD, *Précis de psychologie économique*, PUF, 1974.

produits que les consommateurs ne peuvent pas s'offrir dans leur majorité » (1).

Que penser de tout cela ? Faut-il préférer « l'eau carminative » et la « pâte des sultanes » de César Birotteau, le parfumeur de Balzac, ou plus près de nous, la Marie-Rose, « La mort parfumée des poux » ? Au moins, cela ne trompait personne.

Nous pensons, quant à nous, ceci : les reproches faits au marketing et plus particulièrement à la publicité sont fondés. Mais ce n'est ni la publicité, ni le marketing « en eux-mêmes » qui sont coupables, le mal vient du mauvais emploi, de l'abus de ceux qui, stupides ou sans scrupules, discréditent un instrument par l'usage qu'ils en font (2). Les exemples ne manquent pas, heureusement, d'excellentes publicités, à la fois honnêtes et agréables à regarder. L'exemple est là, il n'y a qu'à le suivre... mais cela nécessite intégrité et compétence.

(1) P.-L. Reynaud, *op. cit.*

(2) Une des conséquences les plus spectaculaires de l' « excès de marketing » est la croissance anarchique des déchets d'emballages ménagers, qui représentent le tiers en poids et la moitié en volume des 18 millions de tonnes annuelles de déchets ménagers en France. En pourcentage du prix de vente au détail, le coût de cet emballage représente, par exemple, 36 % pour les produits de toilette, 25 % pour les aliments pour bébé, 15 à 20 % pour l'ensemble des produits alimentaires. Cette surproduction d'emballages et suremballages est arrivée à un tel point de nuisance écologique et de gaspillage économique que la pression consumériste, relayée par la prise de conscience des acteurs politiques, sociaux et enfin économiques majeurs, a enfin abouti à la publication du décret du 1er avril 1992, qui organise la valorisation sous ses diverses formes (recyclage, compostage, incinération avec récupération d'énergie) des déchets d'emballage. Cf. A. Janakiewicz, *Déchets d'emballage et politique de marketing*, mémoire de DEA, Paris XII, 1993.

BIBLIOGRAPHIE

J. Baudrillart, *Le système des objets*, Denoël-Gonthier, 1972.

D. Bauhain-Roux, *Gestion du design et management d'entreprise*, Chotard, 1992.

L. Bihl, *Consommateur, défends-toi !*, Denoël, 1976.

H. de Bodinat, *Un pavé dans le marketing*, J.-Cl. Lattès, 1990.

J. Bon, P. Gregory, *Techniques marketing*, Vuibert, 1986.

M. Bongrand, *Le marketing politique*, PUF, « Que sais-je ? », 1698, 1986.

B. Brochand, J. Lendrevie, *Le publicitor*, Dalloz, 1993.

Bruel et Saint-Cricq, *La pratique du merchandising*, Ed. d'Organisation, 1975.

E. Checroun, *Aides à la décision*, AENGDE-Sirey, 1985.

M. Chevalier, *Fixation des prix et stratégie de marketing*, Dalloz, 1977.

M. Cohen, *La p.l.v.*, Dunod, 1970.

A. Dayan, *Manuel de la distribution*, PUF, « Gestion », 1992.

A. Dayan, *La publicité*, PUF, « Que sais-je ? », 274, 6e éd., 1993.

A. Dayan, *Le marketing industriel*, PUF, « Que sais-je ? », 2036, 3e éd., 1991.

A. Dayan, *Marketing industriel*, Vuibert, « Gestion », 2e éd., 1993.

A. Dayan, J. Bon, A. Cadix, R. de Maricourt, C. Michon, A. Ollivier, *Marketing*, PUF, 4e éd., 1992.

A. Dayan, A. Ollivier, R. Ourset, *Le marketing international*, PUF, « Que sais-je ? », 2494, 2e éd., 1991.

A. Dayan, A. et L. Troadec, *Promotion des ventes et p.l.v.*, PUF, « Que sais-je ? », 2482, 1989.

A. Dayan, A. et L. Troadec, *Le merchandising*, PUF, « Que sais-je ? », 2516, 2e éd., 1993.

A. Denner, *Principes et pratiques du marketing*, Delmas, 1971.

B. Dubois, *Comprendre le consommateur*, Dalloz, « Gestion », 1990.

M. Dupuis, *Distribution, la nouvelle donne*, Paris, Ed. d'Organisation, 1986.

M. Dupuis, *Marketing international de la distribution*, EO, 1991.

C. Dussart, *Comportement du consommateur et stratégie de marketing*, Montréal, McGraw-Hill, 1983.

Y. Evrard *et al.*, *Market. Etudes et recherches en marketing*, Nathan, 1993.

Th. Fabre, *Le media-planning*, « Que sais-je ? », n° 2644, PUF, 1992.

A. Fady, M. Seret, *Merchandising*, Vuibert, « Gestion », 1981.

J.-M. Floch, *Sémiotique, marketing et communication*, PUF, 1990.

P. Fouilhé, *La psychologie commerciale*, PUF, « Sup », 1972.
J.-C. Fourgoux, *Droit du marketing*, Dalloz, 1974.
A. Gaussel, *Un panier de mensonges*, Ed. du Seuil, 1972.
G. Genot, *Les études de marché industrielles*, F. Nathan, 1975.
Green et Tull, *Recherche et décisions en marketing*, Presses Universitaires de Grenoble, 1976.
P. Gregory, *Marketing. Mémento de gestion*, Dalloz, 1993.
Habib et Rensonnet, *Marketing du nouveau produit*, Dunod, 1975.
J.-P. Helfer et J. Orsoni, *Marketing*, Vuibert, 4e éd., 1990.
Hugues, Griffon, Bouveyron, *Segmentation et typologie*, Bordas, 1970.
J.-N. Kapferer, *Les marques, capital de l'entreprise*, ED, 1991.
Kotler et Dubois, *Marketing management*, Publi-Union, 7e éd., 1992.
J.-J. Lambin *et al.*, *La recherche en marketing*, Mc Graw-Hill, 1990.
J.-J. Lambin, *Le marketing stratégique*, Paris, McGraw-Hill, 1986.
J.-J. Lambin, R. Peeters, *La gestion marketing des entreprises*, PUF, 1977.
J.-M. de Leersnyder, *Marketing international*, Dalloz, 2e éd., 1987.
Lendrevie, Lindon, *Mercator*, Dalloz, 4e éd., 1991
D. Lindon, *Le marketing*, Fernand Nathan, 2e éd., 1988.
J. Marcus-Steiff, *Pratique des études de motivation*, Libr. Techniques, 1972.
R. de Maricourt, *La prévision des ventes*, PUF, 1985.
Cl. Matricon, *Le système marketing*, Dunod, 1993.
D. Merunka, *Décisions marketing*, Dalloz, 1992.
D. Mouton, *Merchandising stratégique*, Ed. d'Organisation, 1989.
J. Perrien, E. Chéron, M. Zins, *Recherche en marketing, méthodes et décisions*, Chicoutimi, Québec, Ed. Gaëtan Morin, 1983.
P.-H. Pottier, *Eléments de marketing*, Dalloz, 1974.
B. Pras, J.-C. Tarondeau, *Comportement de l'acheteur*, Sirey, 1982.
P.-L. Reynaud, *Précis de psychologie économique*, PUF, « Sup », 1974.
A. Semprini, *Le marketing de la marque*, Liaisons, 1992.
G. Serraf, *Marketing et stratégie des produits*, Publi-Union, 1974.
D. Schulman, *Le design industriel*, PUF, « Que sais-je ? », 2623, 1991.
E. Thil, C. Baroux, *Un pavé dans la marque*, Flammarion, 1983.
M. Vidal, *Publicité et gestion*, Dunod, 1972.
A. Zeyl, A. Dayan, *Animation et contrôle de la force de vente*, Ed. d'Organisation, 4e éd., 1990.
A. Zeyl, A. Dayan, *Organisation et gestion de la force de vente*, Ed. d'Organisation, 3e éd., 1991.

INDEX ANALYTIQUE

Agostini (Formule d'), 78.
Analyse de la valeur, 51.
ADL, 13.
Analyse industrielle, 15.
Analyse stratégique, 9.
Anomal, 49.
Attitude, 18.
Audience, 78.
Audimat, 81.
Axe publicitaire, 74.

Banal, 48.
BCG, 10, 14.
Budget de publicité, 87.

CESP, 79.
Chaîne volontaire, 60.
Cible, 75.
Circuit de distribution, 59.
Code à barres, 58.
Commerce concentré, 59.
Concentration, 58.
Conglodistribution, 58.
Consumérisme, 121.
Contrôle, 8, 81.
Coopérative, 60.
Courants socioculturels, 17.
Courbe d'apprentissage, 11.
Courbe d'expérience, 11.
Cycle de vie, 46.

D.a.s., 10.
Design, 89.
Différentiateur sémantique, 31.
Dilemme, 12.
Discount, 60.
Discount de proximité, 58.
DN, DV, 40.

Echantillon, 27, 34.
Echelle d'économie, 79.
Echelles d'attitude, 31.
Ecrémage, 94.
Enclavé, 62.
Enquête, 23, 33.
Essaimage, 58.
Etude de motivation, 23.

Filière industrielle, 11.
Franchising, 61.

Gamme, 49.

Hard-discounters, 58.
Hypermarché, 60.

Image, 54.

Leader d'opinion, 18.
Linéaire de vente, 92.

McKinsey, 14.
Marché, 5, 16.
Marge, 63.
Maturité du secteur, 14.
Maxi-supermarché, 58.
Mediamat, 81.
Medium, 73.
Merchandising, 92.
Métier, 10.
Mini-hypermarché, 58.
Modèle de marketing, 21, 58, 80.

Motivation, 18.
OJD, 79.
Organisation, 3, 114.

Panel, 36, 39.
p.l.v., 82.
Pénétration, 95.
Perception, 22.
Pims, 13.
Plan stratégique, 10.
Poids mort, 12.
Politique générale, 9.
Porter, 15.
Position concurrentielle, 14.
Positionnement, 7, 109.
Prescripteur, 18, 54.
Prime, 67.
Prix de vente, 93.
Produit, 46.
Promotion des ventes, 84.
Publicité, 72.

Rotation des stocks, 63.

Scannérisation, 58.
Segmentation, 16.
Segment de marketing, 7, 12.
Segment stratégique, 12.
Sondage ciblé, 34.
Stratégie, 9.
Styles de vie, 17.
Support, 73.

Tactique, 9.
Taux de circulation, 78.
Taux de pénétration, 78.
Test, 28, 55, 77.
Typologie, 16.

Vache à lait, 12.
Vedette, 12.

Zone test, 41.

TABLE DES MATIÈRES

INTRODUCTION 3

CHAPITRE PREMIER. — **Marketing et stratégie** 5

I. La démarche générale de marketing, 5. — II. Quelques éléments pour l'analyse stratégique, 8.

CHAPITRE II. — **Connaissance du marché** 16

I. Les études de motivation, 17. — II. L'étude des marchés de consommation, 32. — III. Les marchés industriels, 41.

CHAPITRE III. — **Connaissance du produit** 44

I. Le cycle de vie des produits, 44. — II. Produits et fonctions, 47. — III. L'analyse de la valeur, 51. — IV. L'image du produit, 53. — V. La notoriété du produit, 53. — VI. Les tests de produits, 54.

CHAPITRE IV. — **Connaissance de l'environnement** 57

I. La distribution, 57. — II. La concurrence, 63. — III. L'environnement réglementaire, 65.

CHAPITRE V. — **Action sur le marché** 67

I. Choix du système de distribution, 68. — II. La publicité générale, 71. — III. La p.l.v., 81. — IV. La promotion des ventes, 83. — V. Les relations publiques, 85. — VI. Le budget de publicité, 86. — VII. L'emballage-conditionnement, 88. — VIII. Le nom du produit, 89. — IX. Le merchandising, 90. — X. Le prix de vente du produit, 91.

CHAPITRE VI. — **Le lancement des produits** 107

CHAPITRE VII. — **Le marketing des organisations non commerciales** 113

I. Marketing électoral, 114. — II. Marketing d'une ville, 115. — III. L'armée et le marketing, 118.

CONCLUSION. — **Le consumérisme** 121

BIBLIOGRAPHIE 124

INDEX ANALYTIQUE 126

Imprimé en France
Imprimerie des Presses Universitaires de France
73, avenue Ronsard, 41100 Vendôme
Décembre 1993 — N° 39 980